Paul Brownback

SELBSTLIEBE
Eine biblische Stellungnahme

Paul Brownback

Selbstliebe

Eine biblische Stellungnahme

HEROLD-BUCH

Titel der Originalausgabe: *The Danger of Selflove*

© Herold-Schriftenmission e. V. Asslar

Herold-Bücher im Verlag Schulte+Gerth
Postfach 1148, 6334 Asslar

Best.-Nr. 14059
ISBN 3-88936-059-6
1. Auflage 1988

Umschlaggestaltung: Gisela Scheer
Druck und Verarbeitung:
Ebner Ulm
Printed in Germany

Inhalt

Vorwort 7
1. Erste Bedenken 9
2. Historischer Hintergrund 22
3. Differenzieren, wo es nötig ist 37
4. Was sagt die Schrift? 48
5. Die Grundlage der Selbstliebe 62
6. Erich Fromms Theorie über das Ich 69
7. Die Ich-Theorie bei Carl Rogers 77
8. Eigenliebe im Schrifttum der Evangelikalen 82
9. Untersuchung zweier Kernprobleme 92
10. Sind wir bedingungslos angenommen 106
11. Die Leistungsfrage 113
12. Die Gefahr der Selbstliebe 119
13. Eine biblische Alternative 130
14. Der Beweis aus der Schrift, Teil 1 136
15. Der Beweis aus der Schrift, Teil 2 146
16. Die Vorteile eines Lebens,
    das sich am Nächsten orientiert 150

Vorwort

Als ich mit dem Begriff der Selbstliebe zum erstenmal konfrontiert wurde, regten sich sofort starke Bedenken. Nach 12jährigem intensivem Studium dieses Phänomens auf dem Hintergrund der biblischen Offenbarung haben sich meine anfänglichen Bedenken noch verdichtet. Warum? Weil die Bibel von Anfang bis Ende ihr Augenmerk durchweg auf die Verherrlichung Gottes, nicht des Menschen, richtet. „Sondern was töricht ist vor der Welt, das hat Gott erwählt, um die Weisen zuschanden zu machen; und was schwach ist vor der Welt, das hat Gott erwählt, um zuschanden zu machen, was stark ist; und das Geringe vor der Welt und das Verachtete hat Gott erwählt, das, was nichts ist, um zunichte zu machen, was etwas ist, damit sich kein Mensch vor Gott rühmen kann ... Damit gilt, wie geschrieben steht: Wer sich rühmt, der rühme sich des Herrn!" (1. Korinther 1,27–29;31).

Was ich dagegen von den Befürwortern der Selbstliebe hörte, schien mir gegen diesen Strom der Schrift zu schwimmen. Es war geradezu, als ob sie Psalm 139,14 umgeschrieben hätten: „Ich danke *mir* dafür, daß ich wunderbar gemacht bin." Ich habe mich mit dem Thema deshalb so intensiv auseinandergesetzt, weil ich wissen wollte, ob solch gegensätzliche Ideen mit einer christlichen Weltanschauung überhaupt zu vereinbaren sind.

Ich stellte bald fest, daß dieses Phänomen unter strikt exegetisch-theologischem Gesichtspunkt in der christlichen Literatur zum größten Teil noch gar nicht recherchiert worden war. Zwar gab es eine Menge Literatur über die Selbstliebe, doch das meiste ging nur am Rande auf die exegetischen und theologischen Fragen ein, die sich daraus ergeben. Es fiel mir auf, daß der biblische Begriff der Liebe nirgends genau definiert wurde. Außerdem wurde der Begriff der Selbstliebe, wie Paulus ihn als Eigenschaft des Bösen in den letzten Zeiten kennzeichnet (2. Tim. 3), nirgends aufgegriffen. Aus diesem Anlaß entstand diese kurze Studie. Sie gibt nicht vor, eine endgültige erschöpfende Antwort auf alle diesbezüglichen Fragen zu geben, sondern will einfach interessierten Christen Hilfestellung geben, damit sie die zeitgenössische Theorie der Selbstliebe im Licht der Bibel genau analysieren können. Vor allem will sie eine biblische Alternative anbieten.

Im Laufe dieses Studiums mußte ich mich mit vielen verschiedenen Begriffen, Streitpunkten und Ideen auseinandersetzen. Diese stehen natürlich in engem Zusammenhang mit den Menschen, die sie formuliert und verbreitet haben. Es geht mir hier allein darum, das Gedankengut zu analysieren und kritisch zu beurteilen, nicht aber die Menschen als Urheber dieses Gedankenguts. Sollte dies in der Studie irgendwo nicht klar zum Ausdruck kommen, möchte ich an dieser Stelle meine Absicht deutlich machen.

Ohne die Ermutigung meiner Frau hätte ich diese Arbeit nie in Angriff genommen; und ohne die vielen Stunden, die sie an der Schreibmaschine verbracht hat, wäre das Buch sicherlich nicht zu Ende geführt worden. Der größte Teil der Analyse wurde im Zusammenhang mit einer Dissertation für die New York Universität erstellt. Ich danke Professor Norma Thompson für ihren Ansporn und ihre Unterstützung. Besonderer Dank gilt auch meinen Eltern für ihre finanzielle Unterstützung dieses Projekts. Auch dem Vorstand des Citadel Bible Colleges bin ich dankbar für die gewährte Unterstützung und Freistellung während der Arbeiten an dieser Studie.

Kapitel 1:
Erste Bedenken

Meine Klasse schaute mich fassungslos an. Ich wußte, was kommen würde. Auf diese Enthüllung reagierten alle Studenten gleich: „Das kann doch nicht Ihr Ernst sein?! Sie hatten als Kind kein Fernsehen?"

Ich weiß nicht genau, zu welchem Zeitpunkt das Fernsehen für die breite Masse Wirklichkeit wurde; meine erste persönliche Bekanntschaft mit dem Fernsehen schloß ich mit zehn Jahren. Die Feuerwehr unserer Stadt hatte das erste Fernsehgerät in der Nachbarschaft, und wir pilgerten jede Woche dorthin, um mit eigenen Augen den Lone Ranger zu bewundern, denn wir hatten seine Heldentaten zuvor nur im Hörfunk miterlebt. Kurz darauf gab es überall Fernsehgeräte und jede Familie wollte ein eigenes Gerät haben.

Meine Studenten kamen nun schnell zu dem Schluß, ich müsse uralt sein, da ich ohne Fernsehen aufgewachsen war. Tatsächlich war ich nur etwa 20 Jahre älter als sie. Es fiel ihnen schwer, sich vorzustellen, daß es bereits Leben auf Erden gab, bevor es das Fernsehen gab. Sie wußten zwar theoretisch, daß es solche Zeiten tatsächlich gegeben hatte, konnten sich aber eine solche Welt schwer ausmalen. Besonders schockierend war für sie, einen zeitgenössischen Zeugen in voller Lebensgröße vor sich zu haben!

Ohne Zweifel würden heute viele Christen ähnlich reagieren, wenn man ihnen sagte, daß die allgemein verbreitete Theorie der Selbstliebe, des Selbstwertgefühls, der Notwendigkeit einer positiven Selbsteinschätzung und der elterlichen Verantwortung, die kindliche Selbstachtung zu fördern, vor rund zehn Jahren für den informierten Gläubigen nicht die geringste Rolle gespielt hat. „Was?! Es gab einmal eine Zeit, in der das Selbstwertgefühl nicht Hauptgegenstand des christlichen Lebens war? Wie haben die Christen das bloß geschafft? Waren sie verhaltensgestört?"

Ein junger Mann, der an einer angesehenen christlichen Bibelschule studierte, sagte mir kürzlich, sein Professor habe die Bemerkung gemacht, daß das Verhalten des Apostels Paulus wahrscheinlich normaler gewesen wäre, wenn dieser den Vorteil zeitgenössischer Erkenntnisse bezüglich der Selbstliebe gehabt hätte. Anscheinend konnte sich dieser Professor ebenfalls nicht vorstellen, wie man in einer Zeit ohne Betonung auf Selbstliebe zurechtkommen konnte.

Ein neues Phänomen für Christen

Es mag überraschen, daß dieses Thema vor rund einem Jahrzehnt in evangelikalen Kreisen überhaupt nicht vorkam. Ein Blick auf die Titelseite einiger prominenter Bände (von denen viele in diesem Buch aufgeführt werden) macht deutlich, daß das früheste Copyright aus dem Jahr 1974 stammt. Zu diesem Zeitpunkt oder etwas früher wurde das Bewußtsein der breiten Masse in bezug auf die Selbstliebe geweckt.

Da nun die evangelikale Beschäftigung mit der Selbstliebe gerade ihren zehnten Geburtstag begangen hat, sollten die meisten Leser noch imstande sein, sich in jene Zeit zurückzuversetzen, als das evangelikale Denken von ihr noch nicht geprägt wurde. Wie kommt es dann, daß wir uns so schwer tun, uns an jene Zeit zu erinnern? Das liegt wahrscheinlich daran, daß der Begriff der Selbstliebe so schnell, so enthusiastisch und mit so offenen Armen von den Evangelikalen an- und aufgenommen wurde, daß er uns in Fleisch und Blut übergegangen ist. Die „Selbstliebe" ist über Nacht zum Haushaltswort geworden. Es war Liebe auf den ersten Blick. Dieser Begriff und das christliche Gedankengut haben die Verlobung übergangen und sind unmittelbar und Hals über Kopf die Ehe eingegangen. In der Folgezeit wurde der christliche Büchermarkt seit 1974 von diesbezüglicher Literatur regelrecht überschwemmt. Die Verbreitung der Idee hat sich aber nicht allein auf das geschriebene Wort beschränkt. Es scheint, daß jede Predigt und jedes evangelikale Seminar seither die geistliche Verpflichtung des Christen, sich selbst anzunehmen, auf irgend eine Art zur Sprache bringen.

John Piper beschreibt, wie begeistert die Selbstliebe aufgenommen wurde und bedauert:

Heute ist das erste und größte Gebot: „Du sollst dich selbst lieben." Und die Ursache für beinahe jedes zwischenmenschliche Problem wird im Minderwertigkeitsgefühl des Betreffenden vermutet. Predigten, Artikel und Bücher haben diese Idee in das christliche Denken hineingedrängt. Es gibt z.B. nur noch wenige Gemeinden, die *nicht* über die „Wurm-Theologie" in einem Lied von Isaac Watts stolpern, wo es heißt: „Ach, wie blutet mein Erlöser! Gibt er sein heiliges Haupt für einen Wurm, wie mich?"[1]

John R.W. Stott äußert sich dazu: „Viele Stimmen schmettern heute im Chor, daß ich mich lieben muß, koste es, was es wolle..."[2]

Dieser plötzliche Auftrieb der Lehre über die Liebe zum Ich sollte nicht einfach als Werbekampagne abgetan werden, die die evangelikale Öffentlichkeit lediglich zum Kauf eines neuen Produkts bewegen soll. Die tiefere Ursache dafür liegt vielmehr in der spontanen Reaktion derer, die von der Verankerung der Selbstliebe im Wort Gottes fest überzeugt sind. Wie bereits erwähnt, hat sich die breite christliche Masse bei diesem neu entdeckten Freund sofort heimisch gefühlt: die Liebe zum Ich wurde problemlos in das evangelikale christliche Denken integriert.

Werfen Sie nur einmal in Ihrer Bibelstunde die Frage auf: „Soll ein Christ sich selbst lieben?" Sie werden schnell feststellen, daß die Mehrheit der Stimmen zum „Ja" tendiert. Die erstaunliche Entdeckung, die man bei einer solch unkonventionellen Meinungsumfrage macht, ist, daß die Leute die Theorie der Selbstliebe nicht nur in ihrer Breite, sondern auch

---

1 John Piper: „Is Self-Love Biblical?" in *Christianity Today*, 12. August 1977, S. 6.
2 John R.W.Stott: „Must I Really Love Myself?" in *Christianity Today*, 5. Mai 1978, S. 34.

in ihrer Tiefe angenommen haben, das heißt, meistens ist damit ein außerordentlich starkes Gefühlsmoment verbunden. Für viele ist dies zu einer Art Basislehre geworden, einem Bestandteil der orthodoxen Lehre im praktischen Sinn des Wortes. Die Ehe zwischen der Theorie der Selbstliebe und dem evangelikalen Christsein ist in der Tat vollzogen worden. Darum können wir uns eine Zeit, in der die Liebe zum Ich kein alltägliches Thema unserer Predigten, unseres Studiums und der christlichen Literatur darstellte, nur noch schwer vorstellen.

Obwohl die Liebe zum Ich im evangelikalen Umfeld relativ neu ist, ist sie doch keine neue Idee. Sie ist das Kernthema der profanen Psychologie der 40er Jahre und erreichte ihren Höhepunkt in den 50er und 60er Jahren. Ich möchte hier aufzeigen, auf welche Art und Weise die profane Theorie der Selbstliebe ohne große Veränderungen von den Evangelikalen übernommen wurde. Einige evangelikale Autoren erwähnen ganz nebenbei, daß ihre Ideen über die Selbstliebe von Psychologen wie Carl Rogers beeinflußt wurden, aber nur wenige beschreiben im einzelnen die Art bzw. das Ausmaß einer solchen Beeinflussung. Zumeist übernehmen die Evangelikalen den Begriff der Selbstliebe einfach von den profanen Autoren. Sie fügen aber meist noch andere Begriffe hinzu, um dasselbe Phänomen zu beschreiben, wie z.B. „Selbstwertschätzung", „Positives Selbstbildnis", „Selbstachtung" und „Selbstwertgefühl", um nur einige zu nennen. Es gibt auch Umschreibungen, wie die folgenden: „sich annehmen," „mit sich zufrieden sein," „sich mögen," „sich selbst schätzen" und andere. Solche Umschreibungen werden meistens undifferenziert übernommen und benutzt. Man wird z.B. höchst selten einen evangelikalen Schriftsteller finden, der spezifisch darauf hinweist: „Mit *Selbstliebe* meine ich den Begriff A, aber *Selbstwertschätzung* bedeutet B," obwohl er wahrscheinlich bestimmte Bezeichnungen bevorzugt, weil er eben meint, daß sie am besten ausdrücken, was er persönlich unter Selbstliebe versteht. Selbstliebe bedeutet, daß jemand eine positive Einstellung zu sich selbst hat, mit sich zufrieden ist. Das heißt also, dieser Mensch hat ein positives Gefühl, wenn er über sich reflektiert. Die Liebe zum Ich ist hier im Grunde eine Sache des Gefühls bzw. der Einstellung.

Die Theorie der Selbstliebe gründet auf der These, die breite Bevölkerung leide an niedriger Selbsteinschätzung oder einem Mangel an Selbstliebe. Oft wird behauptet, dies sei speziell bei evangelikalen Christen der Fall, da ihre Theologie die Verderbtheit des Menschen betone. Ein Mangel an Selbstliebe soll angeblich furchtbare Folgen für den einzelnen wie für die Gesellschaft haben. Der einzelne leide unter Angst, Furcht, dem Gefühl des Ausgestoßenseins und einem Heer von anderen Krankheitssymptomen, die wiederum zu mangelnder Produktivität am Arbeitsplatz sowie zu Versagen in der Ehe und in anderen zwischenmenschlichen Beziehungen führe.

James Dobson schreibt über die sozialen Begleiterscheinungen der Minderwertigkeitsgefühle folgendes:

Persönliche Wertschätzung ist von Bedeutung nicht nur für diejenigen, denen sie fehlt, sondern die Gesundheit eines ganzes Volkes hängt praktisch davon ab, ob der einzelne sich ohne weiteres angenommen weiß. Wo einem hohen Prozentsatz der Gesellschaft der *Schlüssel zur individuellen Selbstwertschätzung vorenthalten wird, wie dies im Amerika des 20. Jahrhunderts der Fall ist, sind massive „psychiatrische Krankheiten", Neurosen, Haß, Trunksucht, Drogenmißbrauch, Gewalttätigkeit und gesellschaftliche Mißstände unvermeidbar"* (Hervorhebung im Original).[3]

Dobson macht hier den Mangel an Selbstbejahung für die gröbsten persönlichen und sozialen Probleme unserer Zeit verantwortlich. Fehlendes Selbstbewußtsein wird gleichermaßen als Plage für den einzelnen und die Gesellschaft bezeichnet, wie das Vorhandensein eines gesunden Selbstbewußtseins als Quelle überreichen Segens, als Fundament persönlicher Zufriedenheit und eines integrierten Lebensstils empfunden wird. Man sieht darin die Grundlage für Produktivität und den Katalysator tiefer zwischenmenschlicher Beziehungen, wie auch die beste Art, der Gesellschaft zu dienen. In

---

3 James Dobson: *Hide or Seek* (Old Tappan, N.J.: Revell, 1974), S. 12–13.

seinem Buch „Liebe dich selbst" zitiert Walter Trobisch mit offensichtlichem Einverständnis einen katholischen Philosophen, Romano Guardini: „Der Akt der Selbstannahme ist die Wurzel aller Dinge."[4] Folglich besteht die Wurzel eines Großteils aller persönlichen und sozialen Gebrechen im Minderwertigkeitsgefühl oder im Fehlen der Selbstannahme. Der Weg zum Erfolg aber ist die Liebe zum Ich, der „Wurzel aller Dinge."

Ein weiterer Aspekt der Selbstliebe macht sie noch bedeutungsvoller, weil er sie als christlich einstuft. Sich selbst zu lieben ist demnach völlig biblisch. Jesus fordert uns auf, unseren Nächsten wie uns selbst zu lieben (Matthäus 22,39). Die Schrift scheint also die Liebe zum Ich zur Grundlage der Nächstenliebe zu deklarieren. Diese biblische Absegnung des Begriffs ist von besonderer Bedeutung im Blick darauf, daß die geschichtlichen Wurzeln der Theorie vom Ich nicht etwa auf die christliche Theologie zurückgehen, sondern auf die profane Psychologie. Was hier in der Schriftstelle von der Nächstenliebe gesagt wird, scheint zu beweisen, daß die Liebe zum Ich tatsächlich eine biblische Lehre ist, und daß die Entdeckung, die erst jetzt von der profanen Psychologie gemacht wurde, (oder zumindest ihre Verbreitung unter dem Volk und die Entdeckung ihrer tiefgreifenden und weitgehenden Implikationen) schlicht und einfach ein weiteres Beispiel für die Maxime sind, daß „alle Wahrheit Gottes Wahrheit ist." Als Christen sollten wir demnach dankbar dafür sein, daß die Welt uns auf diese Wahrheit aufmerksam gemacht hat.

Spätestens hier ist sich der Leser sicher im klaren darüber, daß der Autor keinesfalls die Ansicht teilt, die zeitgenössische Revolution der Selbstliebe unter den Evangelikalen stelle nichts weiter als die glückliche Wiederentdeckung eines klaren biblischen Gebots dar. Er hat es sich vielmehr zur Aufgabe gemacht, diese Lehre sorgfältig zu recherchieren. Es wurde bereits darauf hingewiesen, wie beliebt diese Ansicht bei den Christen ist und wie eifrig sie sie vertreten. Das größte Hindernis, das der Leser zu Anfang überwinden muß, besteht möglicherweise in der Theorie, daß die Liebe zum Ich gar

---

4 Walter Trobisch: *Love Yourself* (Downers Grove, Inter-Varsity, 1976), S.9.

kein biblischer Begriff ist. Sobald aber dieser Schock überwunden ist, können wir uns der objektiven Prüfung der Sache widmen, denn die schwierigste Hürde liegt wahrscheinlich hinter uns. Um dies zu untermauern, möchte ich vorweg einige Gründe nennen, weshalb ein Christ dem Begriff der Selbstliebe zurückhaltend gegenübertreten sollte; weshalb er sich gründlich vergewissern sollte, bevor er sich darauf einläßt.

Zurückhaltung ist geboten

Es handelt sich hier um einen relativ neuen Themenbereich des evangelikalen Christentums. Darin liegt weder ein Beweis für die Richtigkeit noch für die Verkehrtheit der Lehre. Neu zu sein bedeutet jedoch, noch ungetestet, unbewährt zu sein; jahrelange Anwendung ergibt Erfahrungswerte, führt zu einer Datenbank und ausführlicher Literatur. Diese fehlen für ein Studium der Selbstliebe; darum ist Zurückhaltung geboten. Wir alle kennen Fälle, in denen ein neues Medikament auf den Markt gekommen ist und sofort akzeptiert wurde; erst nach einigen Jahren stellten sich ernsthafte Nebenwirkungen heraus. Vielleicht hat die evangelikale Welt noch nicht alle Begleiterscheinungen der Selbstliebe kennengelernt.

Der Begriff aus kirchengeschichtlicher Sicht

Literatur der Kirchengeschichte. Der Aspekt der Neuheit gibt einem weiteren Bedenken Raum. Die Selbstliebe wird nirgends kirchengeschichtlich erwähnt oder gelehrt. Die kirchliche Geschichtsschreibung enthält kaum einen Hinweis auf die Selbstliebe, wie sie heute gelehrt wird. Vereinzelte Hinweise bringen bei näherer Untersuchung oft die eine oder andere Problematik zu Tage. Entweder war von der Selbstliebe, wie sie heute angepriesen wird, überhaupt nicht die Rede, oder die Theologie des Autors war zweifelhaft. Ein Beispiel zu letzterem ist der deutsche Mystiker, Meister Eckhart, gestorben 1327. Er befürwortete die Selbstliebe, tendierte aber gleichzeitig zum Pantheismus. Er glaubte, daß errettete Menschen Gottheiten wurden. Zu sagen, daß der Mensch Teilhaber der göttlichen Natur wird (2. Petr.1,4), bedeutet aber nicht, daß er Gott wird. Tatsache ist, daß die wenigsten theologisch fundierten Männer der kirchengeschichtlichen Vergangenheit jene Art der Selbstliebe propagiert haben, die heute vertreten wird.

Ganz im Gegenteil. Vieles wurde in der Kirchengeschichte geschrieben, das einen Konflikt zwischen Selbstliebe und christlichem Gedankengut widerspiegelt. Schon zur Zeit des Augustinus kommt dies stark zum Vorschein. *Der Gottesstaat* von Augustinus enthält folgende Erklärung: „Zwei Arten von Liebe haben zwei Staaten hervorgebracht: die irdische durch die Selbstliebe, die bis zur Gottesverachtung geht, die himmlische durch die Gottesliebe, die bis zur Selbstverachtung geht. Wie die erstere die Selbstehre sucht, sucht die letztere die Ehre des Herrn."[5] Praktisch dieselbe Aussage finden wir zu jeder Zeit der Kirchengeschichte in den verschiedenen Zweigen der orthodoxen Theologie. Diese negative Einstellung der Kirche gegenüber der Selbstliebe wird sogar von einigen profanen Befürwortern der Theorie bemerkt. Erich Fromm nannte John Calvin „eine Pest", wegen seiner abfälligen Bemerkungen über dieses Thema in seinem Werk *Institutionen der Christlichen Religion*. Calvin stellt fest: „Denn wir laufen alle so blindlings in die Richtung der Selbstliebe, daß jeder denkt, er habe guten Grund, sich selbst zu erhöhen und alle anderen im Vergleich zu verachten."[6] Dann schlägt er eine Lösung für das Problem vor:

> Denn es gibt keine andere Heilung, als diese höchst giftige Pestilenz, Selbstliebe und Überheblichkeit *(philoneikia kai philautia)* mit den Wurzeln auszureißen. Die biblische Lehre tut das. Denn sie lehrt uns, daß die Begabungen, mit denen Gott uns beschenkt hat, nicht aus uns sind, sondern sein unverdientes Geschenk, und daß diejenigen, die sich selbst damit schmücken, ihre Undankbarkeit verraten.[7]

---

5 Augustinus: *Civitas Dei* XIV, 28. Zitiert von John Warwick Montgomery in *The Shape of the Past*, Minneapolis, Bethany Fellowship, 1975, S. 46.
6 Johannes Calvin: *Institutes of the Christian Religion*, übersetzt von Henry Beveridge, 2 Bände. Grand Rapids, Eerdmans, 1966, 2:10.
7 Ibid.

In unseren weiteren Ausführungen über die Selbstliebe wird klar, daß alle Anzeichen dafür sprechen, daß Calvin dem heutigen Begriff der Selbstliebe widerspricht. In der historischen evangelikalen Literatur findet sich keine Befürwortung der Selbstliebe, sondern eine Verurteilung. Die genannten Beispiele sind nur eine kleine Auswahl der generellen Einstellung des Volkes Gottes der früheren Generationen in bezug auf die Idee, daß wir uns lieben sollen.

Hymnologie. Eine andere Stelle, wo diese negative Einstellung zur Selbstliebe offensichtlich wird, ist die Hymnologie, die Liederdichtung. Wir haben bereits bemerkt, welche Schwierigkeiten die Befürworter der Selbstliebe mit dem Lied „Unterm Kreuz" haben, wie Piper erklärt. Anthony Hoekema freut sich, daß einige Liederbücher nun die Stelle „meine eigene Unwürdigkeit" in der letzten Zeile des Liedes „Unter Jesu Kreuz" gestrichen haben.[8] Doch das ist erst der Anfang des hymnologischen Schmerzes der Selbstliebe-Enthusiasten. Die Worte „mein sündiges Selbst, meine einzige Scham" im selben Lied werden den Selbstliebe-Befürwortern zweifellos ebenso unangenehm sein. Tatsache ist, daß es einer ganzen Menge Tinte bedürfte, um alle Erklärungen der Liederdichter auszumerzen, die sich mit der Theorie der Selbstliebe nicht vertragen. Es hat also den Anschein, als ob das Herz der historischen Christenheit, wie es in seinen Liedern ausgedrückt ist, der Lehre der Selbstliebe entgegenstünde.

Wir geben gerne zu, daß allgemeiner Widerstand gegen einen Begriff im Verlauf der Kirchengeschichte nicht bedeuten muß, daß dieser Begriff irrig ist. Aber wenn eine Anzahl von Kirchenführern über ein Thema wie dieses übereinstimmen, muß man sich doch nach der Ursache fragen. Vielleicht haben sie exegetische und theologische Schwierigkeiten in bezug auf die Selbstliebe gesehen, die heute aus irgend einem Grund übersehen worden sind. Es sollte uns als Evangelikale schon beunruhigen, daß die Großen des Glaubens in einer theolo-

---

8 Anthony A. Hoekema, *The Christian Looks at Himself.* Grand Rapids, Eerdmans, 1975. S. 16.

gisch so wichtigen Frage gegen uns stehen. Dies wäre Grund genug für eine gründliche Untersuchung der Frage.

Das Leben bedeutender Christen. Die Abneigung gegen die Idee der Selbstliebe in der Geschichte der Kirche ist auch auf anderer Ebene beunruhigend. Wenn wir das Leben der großen Heiligen der Vergangenheit betrachten, fühlen wir uns im Vergleich oft wie geistliche Zwerge. Und das ist nicht einfach ein klassischer Fall von Minderwertigkeitsgefühlen! Wenn ich über das Gebetsleben von Martin Luther nachdenke, die Gewohnheit des Bibelstudiums von John Wesley, die Ausdauer von John Bunyan, und die Treue im Dienen von David Brainerd, muß ich meine relative geistliche Unreife bekennen. Die wenigsten modernen Menschen könnten mit diesen Riesen im Wandel mit dem Herrn Schritt halten.

Man ist versucht zu fragen, wie sie sich ohne die Lehre der Selbstliebe geistlich so gut entwickeln konnten, wenn diese doch angeblich solch eine wichtige Stellung im christlichen Leben einnimmt. Man könnte auch umgekehrt fragen: Wie kommt es, daß wir ihnen nicht meilenweit voraus sind, da wir doch den Vorteil haben? Dies sind beunruhigende Fragen, die die Lehre der Selbstliebe in ein fragwürdiges Licht stellen. Das Zeugnis der Literatur, der Liederdichtung und der Lebensbeschreibung historischer Christenheit läßt uns fragen: „Wo war die nötige Betonung auf die Liebe zum Ich? Wie groß kann dieses Bedürfnis heute sein?"

Ursprung des Begriffs

Die Theorie der Selbstliebe wird außerdem durch ihre Quelle fragwürdig. Wir haben bereits bemerkt, daß die Selbstliebe uns nicht durch den Strom der Kirchengeschichte zufließt, sondern wurde, wie wir noch sehen werden, aus den eher zweifelhaften Quellen der profanen Psychologie entlehnt. Natürlich ist das nicht ipso facto ein Beweis, daß sie unbiblisch ist. Wir haben zu Anfang das Prinzip genannt, daß alle Wahrheit Gottes Wahrheit ist. Aber können wir die Theorien der profanen Psychologie immer in die „Wahrheits"-Kategorie einordnen? Oft ist die Antwort ein Nein. Tatsächlich liegen den meisten größeren Zweigen der profanen Psychologie unbiblische Präpositionen zugrunde. Der Behaviorismus betrachtet den Menschen als Maschine; die Psychoanalyse sieht in ihm ein hilfsloses Opfer seines Unbewußten; und die humanistische Psychologie betrachtet den Menschen als von Natur aus im Grunde gut. (Diese Schulen der Psychologie werden wir später diskutieren.) Aus diesen verderbten Quellen fließen Wasser, die zumindest verdächtig sind. Können wir sichergehen, daß die Theoristen evangelikaler Selbstliebe diese Wasser genügend gekocht haben, um alle Unreinigkeiten zu entfernen? Die Notwendigkeit einer sehr sorgfältigen Untersuchung sollte eigentlich offensichtlich sein.

Die Selbstliebe als Ersatz

Ein weiterer Grund, die zeitgenössische Lehre der Selbstliebe in Frage zu stellen ist, daß sie zum Ersatz geworden ist. Wie? Wenn wir die Ansprüche auf Selbstwertschätzung betrachten und die Probleme, die denen vorausgesagt werden, denen sie fehlt, erkennen wir, daß die Selbstliebe in vielen Fällen die Stelle eingenommen hat, die zuvor die Lehre vom siegreichen christlichen Leben oder von der Heiligung innehatte. Wenn einer vor zehn Jahren mit einem Sündenproblem zu seinem Pastor gegangen ist, hätte der Pastor wahrscheinlich das Wort Gottes aufgeschlagen und auf die befreiende Wahrheit der Kraft Gottes hingewiesen, die es dem Gläubigen durch den Heiligen Geist gestattet, über die Sünde zu siegen.

Heute ist es wahrscheinlicher, daß der Pastor ihn daran erinnert, sich selbst anzunehmen. Die Ursache dafür ist, daß beide Methoden im selben Bereich zur Geltung kommen. Sie erheben ähnliche Ansprüche. Man erinnere sich an die Liste der sozialen Probleme, die angeblich aus dem Mangel an Selbstwertschätzung stammen sollen. Da waren u.a. Haß, Alkoholismus, Drogenmißbrauch und Gewalttätigkeit. Statt diese Dinge als Sünde zu betrachten, die in der reinigenden Kraft des Blutes Christi ihre Lösung findet, werden sie als

Folge mangelnder Selbstwertschätzung eingestuft, deren Lösung in der Stärkung des Selbstwertgefühls liegt.

Lehren die evangelikalen Theoristen der Selbstliebe etwa die gleiche biblische Wahrheit in psychologischer statt in theologischer Sprache? Das ist natürlich möglich, aber der Gedanke muß sorgfältig geprüft werden. Selbst wenn dies zutreffen sollte, bleibt die berechtigte Frage offen: Warum dann nicht biblische Begriffe verwenden? Ist es nicht verwirrend, von einem System zum anderen hin- und herzuwechseln? Könnten dabei nicht Ungenauigkeiten die Folge sein? Wenn wir von der Sünde als Folge menschlicher Verderbtheit sprechen statt von Mangel an Selbstwertgefühl, dann wird damit menschliche Verantwortung ausgedrückt. Eine geistliche Lösung ist notwendig.

Ungeachtet dessen, was wir mit den Fragen anfangen, die sich aus der Verschiebung von der theologischen zur psychologischen Perspektive über das christliche Leben ergeben, ist es offensichtlich, daß die psychologische Lehre über die Selbstliebe in ein früher theologisches Territorium eingedrungen ist und es ersetzt hat. Bevor wir einen solchen Ersatz akzeptieren, müssen wir ihn sorgfältig untersuchen.

Unser Hauptanliegen ist natürlich, was die Bibel über dieses Thema lehrt. An diesem Punkt bieten wir eine These an, die den meisten zeitgenössischen Christen wohl als überraschende Äußerung vorkommen mag: die Liebe zum Ich wird in der Schrift nirgends ausdrücklich gelehrt. Das ist interessant, wenn man bedenkt, welch weitreichende geistliche Auswirkungen die evangelikalen Befürworter diesem Begriff zuschreiben. Wie kommt es, daß eine Sache, die für das christliche Leben von solcher Bedeutung ist, in der Lehre der Schrift nicht entfaltet wird? Einige antworten vielleicht, daß die Selbstliebe im Befehl der Nächstenliebe enthalten ist (Matthäus 22,39). Trobisch bemerkt: „Der Befehl der Nächstenliebe wird nie ohne den Befehl der Selbstliebe gegeben."[9] Aber das Gebot, sich selbst zu lieben, wird nirgends in der Schrift gegeben. Die Idee ist vielleicht in der Stelle über die Nächstenliebe *angedeutet*. Aber zu behaupten, daß sie befoh-

---

9 Trobisch, S. 11.

len wurde, heißt, in die Worte des Herrn etwas hineinzulesen. Diese Stelle und andere werden ausführlich im vierten Kapitel diskutiert. Es reicht an dieser Stelle zu sagen, daß das Schweigen der Bibel uns besonders abgeneigt macht, die evangelikalen Theorien der Selbstliebe ohne sorgfältige Überprüfung zu akzeptieren.

Keine biblische Kritik

Die schnelle und weitreichende Annahme der Selbstliebe durch die Evangelikalen gibt Grund zu einer letzten Besorgnis, die der ersten ähnlich ist, nämlich dem Mangel an kritischer Untersuchung des Themas anhand der Bibel. Die meisten Bücher stammen von Befürwortern der Selbstliebe-Theorie, und darunter ist nur wenig, das einen theologischen Gesichtspunkt vertritt. Es gibt darunter aber einige bemerkenswerte Ausnahmen. Zwei Aufsätze in *Christianity Today* (bereits zitiert) von John Piper und John R.W. Stott enthalten ausgezeichnete Kritiken des Themas. Jay Adams widmet der Untersuchung der Selbst-Liebe etwa zehn Seiten in seinem *Christian Counselor's Manual* (Nutley, N.J. – Presbyterian and Reformed, 1976). Das sind sehr gute Arbeiten, die durchdringende Fragen stellen. Sie sind aber durch ihre Kürze begrenzt. Eine ausführlichere Behandlung ist notwendig und wird mit diesem Buch angeboten. Wenn es zum ernstlichen Studium dieses Themas einen Beitrag leisten kann, hat es diesen Teil seines Zwecks gut erfüllt.

Es gibt aber noch eine weitere Motivation für dieses Buch. Es ist immer leichter, zu verletzen, als zu heilen. Die Frage stellt sich: Wenn nicht Selbstliebe, *was dann*? Vielleicht besteht eine positive Nebenwirkung des gegenwärtigen evangelikalen Interesses an der Selbstliebe darin, daß solide biblische Alternativen und deren Anwendung in der Seelsorge gesucht werden. Obwohl die Kritik der Theorie in diesem Band den Hauptteil ausmacht, wird in den letzten Kapiteln eine Alternative angeboten.

Kapitel 2:

Historischer Hintergrund

In einem Bühnenstück oder einem Film ist der Hintergrund oder Rahmen der Handlung ein ganz wesentlicher Faktor. Stellen Sie sich vor, Sie sehen sich einen Western an, der im Times Square gefilmt wurde, oder eine tropische Szene, die in Alaska spielt! Das wäre sehr verwirrend, um es gelinde auszudrücken; vielleicht würden Sie sich sogar ärgern, indem Sie verzweifelt versuchen, alles unter einen Hut zu bekommen. Zum Verständnis einer Sache ist also der Rahmen von ausschlaggebender Bedeutung, weil sich unser Leben nie in einem Vakuum abspielt; es wird nie auf einer leeren Bühne gespielt. Die Umwelt, die gesellschaftliche Struktur, beeinflussen immer das Stück.

Die Themen, mit denen wir uns hier befassen – Philosophie, Psychologie und Theologie – bilden da keine Ausnahme. In unserem Bemühen, die moderne Revolution der Selbstliebe im evangelikalen Christentum zu verstehen, müssen wir vor allem zuerst den philosophischen, psychologischen und theologischen Hintergrund dieses Phänomens erforschen. Natürlich kann das in einem Kapitel nicht erschöpfend geschehen, aber wir können uns zumindest den Strom der Ereignisse in etwa vorstellen und so die Folgen besser verstehen.

Fangen wir beim philosophischen Kontext an, in dem wir leben. Hier müssen wir zuvor den Prozeß erkennen, durch den eine Weltanschauung entsteht. Ihren Anfang nimmt sie meistens in der akademischen Welt, wo sich neue Ideen entwickeln, vielleicht als Reaktion auf die zeitgenössische philosophische Szene, auf eine wissenschaftliche Neuheit, auf einen Weltkrieg oder irgend ein anderes Ereignis. Diese neue Philosophie wird dann an die Öffentlichkeit getragen durch Unterricht, Bücher und andere Medien. Der Mann auf der Straße spürt ihre Auswirkungen jedoch noch nicht. Das ist erst der Fall, wenn der Schüler oder der Leser anfängt, die Philosophie auf seinen Alltag zu übertragen.

Eine solche Philosophie kann zum Beispiel Auswirkungen auf den Unterricht haben. Da entwickelt ein Lehrer einen neuen Lehrplan oder eine neue Lehrmethode auf dieser Basis. Die neue Idee kann sich sogar in der Kleider- und Haarmode widerspiegeln. Schlager, Werbung und andere Lebensbereiche reflektieren die neue Philosophie ebenfalls, bis der Mann auf der Straße sie endlich im Kern aufgreift, obwohl ihm oft nicht bewußt ist, daß er sich nach ihr richtet oder daß er sich verändert hat. Und doch kann dieser Prozeß der Infiltration die tiefsten Seinsschichten erreichen und unsere Einstellungen und unsere ganze Weltanschauung beeinflussen. Wir sind hier weniger an den formellen Aussagen der modernen Weltanschauungen interessiert, das heißt, welche Begriffe sie verwenden. Vielmehr interessieren uns die gängigen *Versionen* dieser Philosophien, die sich unsere Gesellschaft zu eigen gemacht hat. Denn dieser Aspekt wirkt sich unmittelbar auf unser Leben und Denken aus.

Ursprung der evolutionären Denkweise

Abgesehen vom Christentum hat wohl kein anderes System die westliche Kultur so stark beeinflußt, wie die moderne Wissenschaft. Sie nahm ihren Anfang mit Francis Bacon und seiner Behauptung, daß man durch die induktive Methode zur Erkenntnis der Wahrheit kommen könne. Durch induktives Denken war Bacon überzeugt, daß seine Utopie, das „Neue Atlantis", ins Leben gerufen würde. Wenn auch sein Traum noch weit von der Wirklichkeit entfernt ist, hat uns die Wissenschaft doch eine unvorstellbar große Anzahl von Errungenschaften beschert. Aber mit der Wissenschaft ging auch die These der Evolution Hand in Hand. Als Charles Darwin

1859 sein Buch *Origin of Species*, veröffentlichte, fand sein Werk ein begeistertes Echo und wurde für viele fast über Nacht zur Wahrheit. Der Grund für diese bereitwillige Aufnahme lag darin, daß eine Kristallisation der evolutionären Hypothese schon lange erwartet wurde. Seit der Renaissance war die westliche Gesellschaft der Meinung, daß sie sehr wohl ohne Gott auskommen könne. Das hatte nur einen Haken. Die Intellektuellen jener Tage hatte keine Erklärung für den Ursprung der Schöpfung außerhalb von Gott. Darum behielten sie ihn vorerst bei in einem eher peinlichen Arrangement, dem Deismus. Die Behauptung, Gott habe das Universum erschaffen und sich dann entfernt, um den Menschen sich selbst zu überlassen, ließ Gott gerade so lange gelten, wie er gebraucht wurde, klammerte ihn aber aus, damit er sich nicht in den Fortschritt einmischen konnte, den der Mensch in die westliche Kultur einbrachte.

Für die humanistischen Denker der säkularen Kultur war dies zweifellos ein unangenehmer Zustand. Man war verlegen, daß man Gott irgendwo einen Platz einräumen mußte. Die These der Evolution sorgte hier für einen lange ersehnten Ausweg. Das war genau das, was der westliche Mensch hören wollte. Die Bedeutung der These lag in ihrem Schluß, daß Gott nun völlig überflüssig war. Der säkularisierte Mensch konnte sich nun endlich ganz von ihm trennen. In der evolutionären Pyramide bildeten die Amöben und Urtierchen die Basis und der Mensch die Spitze. Nun war er das am höchsten entwickelte und wichtigste Lebewesen des Universums. Endlich hatte er das Ziel erreicht, das ihm vom Urfeind im Paradies vor Augen gestellt worden war: „Du wirst sein wie Gott" (1. Mose 3,5).

Die erste Reaktion auf die Erhöhung des Menschen durch die These der Evolution ähnelte der von Kindern, die zum erstenmal allein zu Hause gelassen werden. Sie haben nun ihre ganze Welt plötzlich für sich allein, aber es dauert nicht lange, bis sie spüren, wie ihnen die Struktur und Geborgenheit, die Mutter und Vater vermitteln, fehlen. So erging es auch dem Menschen, der sich allein im Weltall fand. Endlich wurde er erwachsen, nur um sich wieder bewußt zu werden, daß er immer noch nicht groß genug war, um seine Welt in den Griff zu bekommen. Nach der evolutionären These war die Menschheit nun selber Gott; aber sich wie Gott zu benehmen, war nicht so einfach.

Ein weiteres Handicap bestand darin, daß der Mensch, der nach diesem System nun selbst Gott war, doch auch gleichzeitig nur ein Tier sein sollte. Die Evolution, die den Menschen *quantitativ* von anderen Tieren unterschied, machte keinen *qualitativen* Unterschied. Dieses Arrangement konfrontierte den Menschen mit Schwierigkeiten von weitreichendem Ausmaß. Wissenschaftlich gesehen ist ein Tier lediglich eine biologische Maschine, und nun entdeckte sich der Mensch in derselben Kategorie. Er war seiner Würde entkleidet. Er war nichts weiter als eine entwickelte Maschine. Obwohl der Mensch praktisch Gott geworden war, mußte er in doppelter Hinsicht Verluste buchen: Erstens im Blick nach oben; er hatte keinen mehr, nach dem er sich in Zeiten der Not ausstrecken konnte. Mutter und Vater hatten das Haus endgültig verlassen, die Kinder spürten plötzlich die volle Bedeutung dieser Tatsache. Zweitens im Blick nach innen: Er hatte seine Einmaligkeit als Mensch eingebüßt und war zu einem bloßen Tier geworden. Das war eine Wertminderung und es nahm ihm zu einem großen Teil den Daseinszweck. Das Leben bestand einfach aus einer Ansammlung von Molekülen – weiter nichts.

Aber diese Situation hatte ein großes Plus für den modernen Menschen: Er war nun keiner höheren Autorität mehr verantwortlich. Wenn Mutter und Vater die Kinder zu Hause lassen, geschieht das immer mit dem Zusatz: „Wenn wir wieder nach Hause kommen..." Dieses Element wirkt ernüchternd auf die Kinder. Aber was würde geschehen, wenn die Eltern nicht zurückkämen? Keine Rechenschaft! So hatte der Evolutionsgläubige nun keinen Gott mehr und mußte sich nicht mehr mit der Verantwortung nach oben befassen. Außerdem gab es keine Grundlage mehr für die Gesellschaft, den einzelnen zur Verantwortung zu ziehen. Der Mensch als Tier, als Maschine, kann für seine Entscheidungen nicht zur Rechenschaft gezogen werden, denn es gibt keinen absoluten Maßstab mehr. Er steht außerhalb oder eher unterhalb der Freiheit und Würde. Darum kann das evolutionäre System nur einen logischen Schluß ziehen: der Mensch kann für sein Tun moralisch nicht zur Verantwortung gezogen werden. Der Preis, den der Mensch bezahlte, um sich dieser Freiheit von Verantwortlichkeit zu erfreuen, war der Verlust Gottes und der Struktur und Geborgenheit, die Gott gibt, sowie der Verlust der persönlichen Bedeutung.

Dieses menschliche Dilemma wird in Zeiten des Friedens und des Wohlstandes nicht so recht wahrgenommen; aber im Krieg ist das eine andere Sache. In solchen Zeiten wird sich der Mensch am schmerzlichsten bewußt, wie er sich nach Geborgenheit sehnt, nach einem Gegenüber, der seinem Leben Bedeutung verleiht und der sich um ihn persönlich kümmert. Darum bereiteten die beiden Weltkriege den Evolutionisten große Schwierigkeiten. Die Theorie der Evolution hat deutlich optimistische Züge. Sie meint Wachstum und Fortschritt – der Mensch entwickelt sich fortwährend. Er lernt sogar aus seinen Fehlern. Die Wissenschaft wird allmählich alle Probleme der Not und Krankheit lösen, und die Psychologie und die Soziologie werden sich der Probleme des inneren und äußeren Verhaltens des Menschen annehmen. Das „Neue Atlantis" von Francis Bacon dauerte jedoch nur kurze Zeit. Sogar der Erste Weltkrieg wurde als Fortschritt betrachtet, denn der Mensch lernte aus der Schrecklichkeit dieses Krieges, daß er seine Differenzen auf andere Art und Weise aushandeln sollte. Dann kam der Zweite Weltkrieg. Und die Atombombe. Mit ihr explodierte der evolutionäre Traum!

Die Verschiebung zum Existentialismus

An diesem Punkt angelangt, begann es für den modernen Menschen schwierig zu werden. Er hatte keinen Gott mehr, an den er sich wenden konnte; er war selbst zu einem Tier degradiert, und die Theorie schien sich im Alltag nicht zu bewähren. Die Alternativen schienen begrenzt, was das Problem nur noch verschärfte. An diesen Punkt hatten ihn die Erkenntnisse der Renaissance und der Aufklärung gebracht. Verstandesmäßig hatte er alle Brücken zu Gott abgebrochen;

die Theologie der Reformation war nun nicht mehr akzeptabel. Rudolf Bultmann drückt diese Haltung klar aus:

> Das menschliche Wissen und die Beherrschung der Erde durch den Menschen haben sich durch die Wissenschaft und Technologie so weit entwickelt, daß die neutestamentliche Weltanschauung keinem ernstlich denkenden Menschen mehr möglich ist – tatsächlich tut das auch keiner mehr. Welche Bedeutung können wir zum Beispiel solchen Aussagen im Glaubensbekenntnis zumessen, wie „hinabgestiegen zur Hölle" oder „aufgefahren in den Himmel"? Wir glauben nicht länger an das drei-stöckige Weltall, von dem das Glaubensbekenntnis ausgeht.[1]

Eine Rückkehr zur Autorität der Schrift war einfach nicht mehr möglich.

Der moderne Mensch befand sich in einem Dilemma: Er brauchte Anerkennung als Person. Wissenschaftlich gesehen akzeptierte er die Evolution als einzig mögliche Grundlage für seine Weltanschauung, was ihn aber gleichzeitig seiner Bedeutung als Person beraubte und ihn auf die Stufe des Tieres erniedrigte, ihn als bloße biologische Maschine kennzeichnete. Um persönliche Erfüllung zu finden, blieb daher nur eines: die Wissenschaft, so wie er sie sah, nämlich als „naturalistische Wissenschaftlichkeit", abzulehnen und sich einer nicht-wissenschaftlichen Methode zuzuwenden. Was macht diese Ablehnung so bedeutungsvoll? Mit ihr wurde die objektive Einstellung zum Leben abgelehnt, das heißt, Entscheidungen zu treffen auf der Basis von Mark und Pfennig, Vorsorge für die Zukunft, anerkannten medizinischen Erkenntnissen und ähnlichem. Anders ausgedrückt, sollten allgemein übliche oder bewährte Verfahrensweisen nicht mehr als Grundlage dienen, um das Leben voll auszuschöpfen.

Statt dessen wurde das Leben völlig subjektiv betrachtet: Was verschafft mir persönliche Erfüllung, was spricht mich an, was macht mir Spaß, ganz gleich, was die Wissenschaft als mögliche Folgen ermittelt hat.

Die gründliche Verschiebung von der objektiven wissen-

---

1 Rudolf Bultmann, *Kerygma and Myth* (New York: Harper & Row, 1961) S. 4.

schaftlichen Methode und ihren Ermittlungen zu einer subjektiven Lebenseinstellung ist der Kern dessen, was wir „Existentialismus" nennen. Vielleicht sollten wir diese Version eher „volkstümlichen Existentialismus" nennen.

Eine offizielle Definition des Existentialismus sprengt nicht nur den Rahmen dieses Buches, sondern könnte wohl auch aus dem Rahmen der Möglichkeit fallen. Paul Vitz, der Autor des ausgezeichneten Bandes „Psychology as Religion: The Cult of Self-Worship" (Die Psychologie als Religion: Der Kult der Selbst-Anbetung) gibt zu bedenken: „Es ist eine bekannte Tatsache, daß der Existentialismus als Philosophie kaum präzise zu beschreiben ist." Es gibt aber doch einige grundlegende Aussagen, die wir über die Natur des Existentialismus machen können. Vitz schreibt: „Der wesentliche Begriff besteht wahrscheinlich im ‚Dasein'. Damit ist gemeint das intensive fundamentale Bewußtsein der eigenen Erfahrung."[2] Eine starke Orientierung zum Selbst kommt hier zum Ausdruck – eine Erfahrung meines Daseins, meines inneren Wesens.

Zum Selbst-Bewußtsein gehören die damit zusammenhängenden Begriffe des Selbst-Wertes, der Selbst-Bedeutung, und der persönlichen Rechte – das Recht zum Sein, also die Daseinsberechtigung. Hand in Hand mit diesem Selbstbewußtsein geht aber auch die Verantwortung für das *Werden*, „die Selbstentfaltung oder Ausschöpfung der eigenen Fähigkeiten."[3] Hier sollte klar unterschieden werden zwischen dem naturwissenschaftlichen System mit seinen evolutionären Schlußfolgerungen und dem Existentialismus. Ersteres betrachtet die *Menschheit* als Gott, letzterer macht aus dem einzelnen eine Gottheit, indem er das „Ich" in die Mitte des Universums stellt. In den Anfängen der Evolution lag die Betonung auf der Menschheit und den Arten. Hier rückt der einzelne in den Blickpunkt.

Auch wenn das Interesse des naturwissenschaftlichen Systems sich irrtümerlicherweise auf die Menschheit bezieht (das menschliche Wesen als das höchste Produkt der evolutio-

---

2 Paul Vitz, *Psychology as Religion: The Cult of Self Worship* (Grand Rapids: Eerdmans, 1977), S. 25.
3 Ibid.

nären Entwicklung), so ist diese Methode auf moralischer Ebene dem Existentialismus überlegen. Zumindest gibt sie dem einzelnen eine philosophische Grundlage, sich um den Nächsten zu kümmern, da dieser ebenfalls zu dieser höchstentwickelten Art gehört. Aber der Existentialismus stellt allem voran das Ich; sollte einem anderen irgend etwas Gutes zufallen, mag das angehen, aber es gehört nicht zum Zweck oder Hauptanliegen des Existentialisten. Sollte der Nächste tatsächlich profitieren, so geschieht das rein zufällig.

Der Existentialismus unterscheidet sich vom evolutionären Verständnis nicht nur dadurch, daß er seinen Blick vom Wohl der Menschheit auf die Selbstverwirklichung des einzelnen verengt, sondern der Weg zu dieser persönlichen Erfüllung ist auch ein ganz anderer. Wie oben bereits erwähnt, geht der Existentialist den Weg der persönlichen, subjektiven Wahl, statt der Wissenschaft zu erlauben, den Weg zu einem erfolgreichen Leben aufzuzeigen. Alasdair McIntyres Definition des Existentialismus besagt, daß der Existentialist „die verstandesmäßigen Grundprinzipien durch die Wahl ohne Kriterien ersetzt hat. Weder Gott noch die Natur können herangezogen werden, um ihm das Universum verständlich oder bedeutungsvoll zu machen, und es gibt keinen Hintergrund von gesellschaftlich etablierten und anerkannten Kriterien des Wissens oder der Moral."[4]

Vitz hat erkannt, daß es inkonsequent ist, von einer Wahl ohne Kriterium zu sprechen, weil es unmöglich ist, ein solches Prinzip umzusetzen. Er sieht die Bankrotterklärung dieser Methode in der Schlußfolgerung von Camus, daß die einzige philosophisch bedeutungsvolle Frage darin bestehe, ob man Selbstmord begehen solle oder nicht.[5] Obwohl der gewöhnliche Existentialist in seiner Suche nach *Selbsterfüllung* nicht so weit geht, dem Prinzip der Wahl ohne Kriterien zu seinem logischen Ende zu folgen, gibt ihm dieser Grundsatz doch die Freiheit, völlig willkürlich nach Selbsterfüllung zu streben. Das ist ein wichtiger Gesichtspunkt. Schon manche Eltern haben ihren Kindern bei der Züchtigung gesagt: „Ich meine es

---

4 Ibid., S. 52
5 Ibid., S. 53

nur gut mit dir." Zweifellos ist die Erziehungsmaßnahme in den meisten Fällen wirklich auf das Wohl des Kindes ausgerichtet. Es ist aber etwas ganz anderes, wenn das *Kind* die Maßnahme zu diesem Zweck bestimmt. Da würde ganz sicher etwas anderes dabei herauskommen.

So ist es auch beim existentialistisch denkenden Menschen. Im naturwissenschaftlichen System entschied die wissenschaftliche Elite, was dem Menschen und der Gesellschaft zum Wohl diente. Aber der Existentialist richtet sein Hauptaugenmerk nicht nur ausschließlich auf seine eigenen Interessen, er beansprucht zudem noch das Recht, den Begriff der Erfüllung selbst zu definieren und auf willkürliche Art umzusetzen. Dies kam deutlich zum Ausdruck in der Rebellion der antimilitaristischen Bewegung der 60er Jahre gegen das Establishment, sowohl gegen die Regierung wie auch gegen Universitätsgremien. Da wurde einfach das Recht auf Selbstverwirklichung geltend gemacht, und das Recht, diese Selbstverwirklichung unter Verzicht auf die Gebote der „Naturwissenschaft" zu verfolgen.

Der Existentialismus der breiten Masse befaßt sich ebenfalls mit dem Begriff der Verwirklichung. Die Existentialisten lehnen die Naturwissenschaft ab auf der Grundlage, daß im Grunde kein System das Weltall erklären kann. Die moderne Wissenschaft war das Beste, womit der Mensch aufwarten konnte, und sie hat versagt. Da der Sinn und Zweck des Weltalls nicht auf der Grundlage objektiver Kriterien erklärt werden konnte, versuchte man, subjektive Kriterien heranzuziehen. Die Ablehnung objektiver Kriterien führte dazu, daß nur noch das Hier und Jetzt zählte. Um an den morgigen Tag, die Zukunft, zu glauben, brauchte man ein System. An eine Entwicklung zu glauben – z.B., daß sich harte Arbeit lohnt – setzte die Anerkennung eines Gedankensystems voraus. Die einzige Art der Selbstverwirklichung, die nicht an die Anerkennung irgend eines Systems gebunden war, lag in der sofortigen Befriedigung sämtlicher Begierden. Man kann tatsächlich den Existentialismus auf einen Nenner bringen, indem man ihn als philosophischen Egoismus bezeichnet. Die Menschen sind schon immer egoistisch gewesen, aber der Existentialismus gab ihnen dazu eine philosophische Handhabe.

Selbstbefriedigung war nun philosophisch respektabel geworden.

Die Vertreter des philosophischen Existentialismus mögen vielleicht nicht alles befürworten, was oben angeführt wurde; wir glauben aber, daß dies eine gute Beschreibung dessen ist, was der Existentialismus im Schnitt denjenigen sagt, die unter seinem Einfluß stehen. Wir machen darauf aufmerksam, daß wir alle mehr oder weniger dazu gehören. In welchem Ausmaß die Richtlinien des Existentialismus das Denken unserer Gesellschaft infiltriert hat, ist kaum mehr festzustellen. Wenn er sich auch nicht immer in der krassen Form zeigt, wie wir ihn beschrieben haben, so sind die Normen und Maßstäbe unserer Gesellschaft doch wesentlich in dieser Richtung geprägt worden.

Zweifellos bietet der Existentialismus dem modernen Menschen einige positive und einige negative Aspekte. Auf der positiven Seite erlaubt ihm der Existentialismus, seine „Gottheit" als Mittelpunkt des persönlichen Universums zu behaupten. Als solcher hat er nicht nur das Recht, sondern auch die Pflicht, sich selbst zu verwirklichen und zwar so, wie es ihm gefällt. Er ist nicht mehr nur eine biologische Maschine, die von der Erbanlage und der Umwelt manipuliert ist, sondern eine Person mit Entscheidungsfreiheit und absolutem Wert, zumindest in den eigenen Augen.

Aber dieses System (oder Nicht-System) hat auch einige negative Seiten. Der große Nachteil des Existentialismus besteht darin, daß er nicht funktioniert. Die Rechnung geht nicht auf. Sie kann es gar nicht, denn in jedem Universum ist nur Platz für einen Gott. Wenn mein Streben nach Selbstverwirklichung mit dem deinen zusammenstößt, muß dies irgendwie gelöst werden. Wenn deine Selbstverwirklichung darin besteht, andere Leute ins Gesicht zu schlagen, wird es nicht einfach für dich sein, Leute zu finden, deren Selbstverwirklichung darin besteht, ins Gesicht geschlagen zu werden! Deine „Masche" besteht vielleicht darin, im Sand am Meer zu faulenzen. Aber der Rest der Welt wird sich sehr wahrscheinlich nicht zusammentun, um dir dein „Ding" zu finanzieren. Diese Weltanschauung kann nur in einer Wohlstandsgesellschaft funktionieren, und auch da nur begrenzt, wo man liberal genug ist, diese Version der „Tu, was du willst"- Weltanschauung auf zeitlich begrenzter Basis zu tolerieren und zu unterstützen. Es ist einfach unmöglich für einen Menschen, den Existentialismus logisch auszuleben, denn schlußendlich stößt die eigene Selbstverwirklichung mit der anderer Leute zusammen, und sobald ein Mensch einem anderen Menschen begegnet, steht er damit einem weiteren existentiellen Gott gegenüber.

Die Folgen des Existentialismus
Wirkung auf den einzelnen

Wie überwindet der moderne Mensch die Schranken des Existentialismus? Er hat eine schizophrene Weltanschauung entwickelt. Er erfreut sich seiner individualistischen existentiellen Göttlichkeit solange er kann, aber wenn er dazu gezwungen ist, greift er wieder auf die Vergöttlichung durch das naturwissenschaftliche System zurück, das ihn nach objektiven Gesichtspunkten leben heißt. Anders ausgedrückt: Der moderne Mensch gibt größtenteils zu, daß er morgens aufstehen muß, zur Arbeit gehen und das tun muß, was ihm sein Chef befiehlt, wenn er überleben will; aus seiner Sicht sehr mundäne, nicht-göttliche und nicht-existentielle Dinge. Das ist das „wissenschaftliche" Leben. Aber in seiner Privatsphäre läuft die Geschichte anders. Sooft und soweit es ihm irgend möglich ist, macht sich der moderne Mensch dort die existentielle Lebensauffassung zu eigen und betrachtet sich als Mittelpunkt des Universums und tut, was ihm gefällt. Das erklärt teilweise die steigenden Statistiken der Geschiedenen, der Alkoholiker und Drogenabhängigen und anderer Problemgruppen. Auch die Initiativen für gewisse „Rechte" stehen unter diesem Einfluß: Frauenrecht, Kinderrecht, Recht auf ein Mindesteinkommen, usw. Aus demselben Grund werden in Abtreibungsfällen die Rechte der Mutter über die des Ungeborenen gestellt. Wenn die Mutter zum Mittelpunkt ihres Universums wird, muß sich alles andere diesem Gesichtspunkt unterordnen. Wenn Menschen als „Lustobjekte" mißbraucht werden, rührt das Problem daher, daß es außer *mir* keine andere *Person* in der Welt gibt. Wir sehen also, daß die Leute einmal „wissenschaftlich" denken, und dann wieder „existentiell".

Auswirkungen auf die Gesellschaft

Die schizophrene Existenz des modernen Menschen, der existentielle Entscheidungen trifft, sooft er kann, und wissenschaftliche, wenn er muß, hat bereits katastrophale Auswirkungen auf die Gesellschaft. Existentiell behauptet er: „Ich habe das Recht zu tun, was ich will," aber sobald er die Verantwortung für die Folgen auf sich nehmen soll, fällt er zurück auf sein „naturalistisch-wissenschaftliches" Denken und jammert: „Aber ich bin doch nicht verantwortlich für das, was ich tue. Ich bin doch nur eine biologische Maschine, von der Gesellschaft vorprogrammiert." Da gibt es keinen Zusammenhang zwischen Rechten und Pflichten. Es gibt viele Beispiele für diese Einstellung in unserer Gesellschaft, von Tendenzen im Rechtswesen bis hin zu gewissen sozialen Diensten, Theorien über Kindererziehung und Management-Methoden. Es muß wohl nicht betont werden, daß unsere Gesellschaft auf dieser Basis nicht lange weiterbestehen kann. Das allgemeingültige Prinzip, daß es keine Autorität ohne Verantwortlichkeit gibt, kann nicht ungestraft außer acht gelassen werden.

Auswirkungen auf die Psychologie

Philosophische Schizophrenie spiegelt sich auch in der Psychologie wieder. Wer sich nur oberflächlich mit der Psychologie befaßt hat, sieht diese vielleicht als ein im wesentlichen einheitliches System von Erkenntnissen oder als homogen strukturierte Theorie. Das ist aber keineswegs der Fall. Die Psychologie ist sehr zersplittert. Wer mit Psychologie zu tun hat, erhält zudem oft nur Einblick in einen ganz bestimmten Bereich, der von den anderen Bereichen völlig unberührt ist. Das bewirkt noch größere Verwirrung. Es ist wie bei der bekannten Geschichte der blinden Männer, die versuchen, einen Elefanten zu beschreiben. Der Mann am Schwanzende meint, der Elefant sei wie ein Strick; der andere, der ein Bein abtastet, vergleicht ihn mit einem Baumstamm; usw. So ist es auch mit der Psychologie – manche sehen den Psychologen im Labor, andere sehen ihn im Sprechzimmer mit der Couch. Beide haben recht; aber das ist noch nicht alles. Der philosophische Dualismus unserer Gesellschaft hat den Grundstein für diese Zersplitterung gelegt.

Behaviorismus. Der als Behaviorismus bekannte Aspekt der Psychologie befaßt sich mit ihr ausschließlich als „Wissenschaft". Das geht schon aus dem Begriff hervor (Anmerkung des Übersetzers: „behavior" ist das englische Wort für Verhalten, Benehmen), der besagt, daß in diesem Rahmen nur Phänomene in Betracht gezogen werden, die beobachtet und gemessen werden können, nämlich Verhaltensweisen. Seele oder Wille, die so nicht gemessen werden können, werden nicht untersucht. Doch die Theorie des Behaviorismus reicht weiter; sie schließt nicht nur Seele oder Willen aus der Untersuchung aus, sondern schließt aus, daß diese nicht sichtbaren Faktoren überhaupt existieren und zwar aufgrund der überwiegend evolutionären Ausrichtung des Behaviorismus. So hat sich der Behaviorismus das mechanistische Modell des Menschen, das bereits unter der naturalistischen Wissenschaftsgläubigkeit beschrieben wurde, nicht nur angeeignet, sondern hat zumindest teilweise gerade auch zu seiner Schöpfung beigetragen. Da nun die evolutionäre These den Menschen als Tier betrachtet, unterscheidet auch der Behaviorismus qualitativ nicht zwischen den beiden. Darum erforscht er in großem Rahmen die Tierpsychologie, im Bestreben, dabei den Menschen zu erforschen und zu verstehen.

Der Behaviorismus betrachtet den Menschen vordergründig als komplexen Komputer, der von der Gesellschaft programmiert wurde. Der Mensch funktioniert angeblich auf der Basis von Reiz und Reaktion; das heißt, einem bestimmten Reiz folgt eine vorgegebene Reaktion, je nachdem, wie die Person programmiert ist. In dieser Folge gibt es keinen Raum für persönliche Entscheidung. So reduziert der Behaviorismus den Menschen zur Maschine. Als Begründer des Behaviorismus wird John Watson angenommen, und sein bekanntester zeitgenössischer Vertreter ist B. F. Skinner.

Freudsche Theorie. Ein weiterer Hauptzweig der Psychologie, die Freudsche Theorie, hat mit den beiden oben angeführten philosophischen Trends wenig zu tun. Freud war zwar ein Evolutionist, aber dieser Begriff liegt seiner theoretischen Struktur nicht zugrunde. Freud kann als eine Art Pragmatiker betrachtet werden. Statt einer vorgegebenen philosophischen Richtung zu folgen, entwickelte er seine Theorie hauptsächlich aufgrund vieler Therapiestunden, wo er beobachtete und Thesen formulierte. Zu Anfang seiner Tätigkeit hypnotisierte er seine Patienten, um tiefer in ihre Persönlichkeit vorzudringen. Dies wurde bald ersetzt durch freie Assoziation und Traumanalyse. Es sollte beachtet werden, daß Freud seine Theorie der Persönlichkeit des Menschen durch das Studium von einigen Vertretern der abartigsten Gesellschaftsschichten entwickelte. Die Schlüsse, die er daraus über die Menschheit zog, waren sehr negativ; manche werfen ihm vor, daß das an der Auswahl der Muster lag, die er zum Studium heranzog. Freud betrachtete den Menschen als Opfer von Störungen, die aus einem nicht adäquaten (oder mehr als adäquaten) Durchschreiten der psychosexuellen Phasen bis zum fünften Lebensalter herrührten. Diese Störungen liegen im Unbewußten, wo der Mensch sich nicht auf vernünftige Weise mit ihnen auseinandersetzen kann. So ist der Mensch ein hilfloses Opfer seines Unbewußten.

Neufreudsche Theorie. Die Nachfolger Freuds, oft auch Neu-freudsche Psychologen genannt, unterschieden sich gewaltig von Freud in diesem Punkt. Jene Psychologen dienten als Brücke, die von Freud mit seiner negativen Einschätzung der Menschheit bis zur humanistischen Psychologie reichte, einer Bewegung, die von Leuten wie Abraham Maslow und Carl Rogers inspiriert wurde. Eigentlich war der Neufreudsche Sektor selbst schon ausgesprochen humanistisch und sah den Menschen in einem positiven Licht (obwohl die späteren Werke von Erich Fromm, der unter die neufreudschen Psychologen zählt, das Böse im Menschen stärker betonte).

Als die neufreudsche Bewegung sich in die humanistische Psychologie entwickelte, war der Existentialismus unter den führenden Kräften als Wegweiser am Wirken. Die neufreudschen Autoren und humanistischen Gruppen trauen dem Menschen mehr zu als Freud. Diese Erhöhung des Menschen geht nicht auf die „Wissenschaft" zurück, die ja eine bloße Maschine aus dem Menschen machte. Es ist vielmehr ein blinder Glaube, ein Optimismus ohne Datenbank. Er ähnelt dem existentiellen Sprung in die Dunkelheit. Manche Psychologen dieser neufreudschen/humanistischen Bewegung bekennen sich öffentlich zur existentiellen Orientierung, andere tun es nicht. Vitz bemerkt, daß Rogers, der nie direkten Kontakt mit dem Existentialismus hatte, „eine Therapie mit wichtigen existentiellen Aspekten entwickelt hat."[6]

Diese letztgenannte Gruppe von Psychologen, angefangen mit den Vertretern der neufreudschen Theorie bis hin zur humanistischen Psychologie, ist verantwortlich für die Formulierung des zeitgenössischen Begriffs der Selbstliebe. Wir werden in späteren Kapiteln einige der Hauptbeteiligten auf diesem Sektor der Psychologie näher betrachten.

---

6 Ibid., S. 26

Kapitel 3:

Differenzieren, wo es nötig ist

Ich hatte einmal eine Studentin, eine sehr liebe junge Dame, die blind war. Ihre Blindheit rührte von einem geringfügigen Versehen der Säuglingsschwester nach der Geburt her. „Geringfügig!" sagen Sie. Ja, technisch gesehen, war es ein kleines Versehen, aber es hatte riesige Auswirkungen auf Hanna und ihr Leben.

In fast allen Lebensbereichen gibt es kleine Dinge, die große Auswirkungen haben. Der Ingenieur, der eine Brücke baut, muß sicherstellen, daß der Zement genau die richtige Mischung hat. Der Chirurg hat offensichtlich sehr wenig Freiraum für Fehler. Für den Bauern ist das Pflanzen und Ernten zur rechten Zeit von ausschlaggebender Bedeutung. In all diesen Bereichen ist Genauigkeit und Präzision unbedingt notwendig.

Diese Tatsache mag selbstverständlich erscheinen; aber in anderen lebenswichtigen Bereichen muß man immer wieder auf dieses Prinzip hinweisen. Vielleicht wenden Sie ein: „Wir leben aber doch in einer solch technologisierten Zeit. Wie können Sie da behaupten, daß man da Genauigkeit mißachtet? Es scheint eher, als würden wir uns zu sehr ums Detail kümmern und uns um die geringfügigsten Einzelheiten des Lebens Sorgen machen." Das mag sein; das Problem ist aber immer noch, daß die Notwendigkeit der Präzision auf gewisse Lebensbereiche begrenzt wird. Genauer gesagt, man hat gewisse Bereiche ausgeklammert, obwohl in diesen ebenfalls Genauigkeit eine wesentliche Rolle spielt. In der Technologie respektieren und verlangen wir Genauigkeit. Wo es aber um den Menschen und seine Lebensanschauung geht, da ist unsere Gesellschaft von einer gefährlichen, bedenkenlosen, leichtfertigen Wie-es-gefällt-Mentalität durchsetzt.

Genauigkeit tut not

Weil Philosophie und Theologie zur letzteren Kategorie gehören, wurden sie bislang sehr locker gehandhabt. Oft wird ein gängiges Klischee, eine oberflächliche Argumentation oder ein lockerer Gedankengang als völlig hinreichend betrachtet, um etwas zu belegen. Das ist ja doch alles nur Theorie. Was wirklich zählt, ist doch die echte Lebenserfahrung, nicht kalte Doktrin. Diese Einstellung spiegelt wieder, wie tief der Existentialismus im zeitgenössischen Denken Fuß gefaßt hat, und leider sind auch die Evangelikalen dagegen nicht immun gewesen.

Wir dürfen dieser Denkweise nicht erlauben, die Tatsache zu verdunkeln, daß es die theoretischen Ausführungen sind, die auf lange Sicht die Erfahrungsweise bestimmen, ganz gleich ob sie als unpersönlich oder sonstwie empfunden werden. Das junge Paar, das in seinem neuen Glück der Verliebtheit schwebt, argumentiert: „Wir brauchen diese kalten Prinzipien nicht, die angeblich für eine gute Ehe notwendig sind. Wir lieben uns und die Liebe wird alles richtig machen. Die Erfahrung zählt, nicht die Theorie." Den meisten vernünftigen Menschen wäre sofort klar, daß eine Beziehung, die auf dieser Basis eingegangen wird, stürmischen Zeiten entgegengeht.

Der existentielle Einfluß in unserer Gesellschaft, der verharmlost, wie notwendig die Präzision in den persönlichen und zwischenmenschlichen Bereichen ist (besonders in der Philosophie und Theologie), äußert sich auf verschiedene Weise. Die evangelikalen Bücher, die die größte Popularität zu verzeichnen haben, sind oft gerade solche, die nicht fachspezifischer Art sind. Da steht im Vordergrund das Gefühlsmäßige, nicht die geistige Auseinandersetzung. Man interessiert sich nicht für die genaue Definition, sondern für das, „was anspricht."

Aber ohne Präzision bleibt wenig Inhalt. Ein paar scheinbar kleine Veränderungen oder Auslassungen können in die Bibel (oder die Philosophie) beinahe alles hineinlegen, was gewünscht wird. Eine Theologie auf diesem Fundament kann nicht beständig sein, weil sie nichts aussagt, was nicht mit einer kleinen Zurechtrückung in eine andere Aussage verwandelt werden kann. Die orthodoxe Lehre ist jedenfalls nicht mit einer solch lockeren Methodologie aufgebaut worden. Das Konzil von Nizäa im Jahr 325 drehte sich hauptsächlich darum, ob ein einziger griechischer Buchstabe in einem Wort der Kirchenlehre aufgenommen oder ausgelassen werden sollte, und das wiederum war das Jota, der kleinste Buchstabe des griechischen Alphabets! Aber wenn dieses Konzil nicht stattgefunden und die rechte Lehre über die Gottheit Christi definiert hätte, wären wir heute vielleicht alle Arianer.

Was hat all dies mit unserem Thema hier zu tun? Im Laufe der Diskussion werden wir feststellen, daß einige gewichtige Themen sich auf feine Unterschiede stützen, die scheinbar unbedeutend sind. Das ist eben die Materie der Theologie. Wenn Gott die natürliche Welt mit einer solchen Präzision konstruiert hat, würde er dann weniger Wert auf Präzision legen, wenn es um sein ewiges Wort geht, das bleibt, auch wenn Himmel und Erde bereits vergangen sind? Wenn wir Genauigkeit von denen verlangen, die in technisch empfindlichen Bereichen arbeiten (unsere Ärzte oder Apotheker, zum Beispiel), sollten wir da einen niedrigeren Maßstab für uns selbst anlegen, wenn wir die Wahrheiten verstehen wollen, die sich mit der Seele befassen, und wie diese Wahrheiten in unserem Leben wirken und zusammenhängen?

Dabei ist zu beachten, daß sehr viel wirklich Wertvolles aus den verschiedenen Wissensgebieten gewonnen werden kann. Im ersten Kapitel haben wir festgestellt, daß die Hauptausläufer der Psychologie auf vielen unbiblischen Annahmen beruhen. Das bedeutet nicht, daß wir uns überhaupt keine philosophischen Erkenntnisse zunutze machen könnten, sondern es bedeutet vor allem, daß wir sie sorgfältig prüfen müssen. Viele Entdeckungen der modernen Medizin und Wissenschaft sind uns tatsächlich zum Segen geworden.

Wir alle schätzen die modernen medizinischen Heilmittel. Solche Fortschritte erleichtern allen das Leben.

Andererseits gibt es noch andere Schlüsse, die die profanen Wissenschaften gezogen haben, die wir als nicht so nützlich betrachten. Die neue Mathematik als Unterrichtsknüller scheint heutzutage keinen mehr zu erregen, zumindest nicht positiv. Manche der liberalen erzieherischen Philosophien, die im vergangenen Jahrzehnt so revolutionär erschienen, veranlassen die Lehrerschaft heute, eben diese Zeiten als „schlechte Zeiten" bezeichnen. Dann gibt es da die Theorie der Evolution und eine Menge anderer Ideen, die als Produkt säkulären Denkens von den meisten Christen mit Mißfallen betrachtet werden.

Wie sucht und wählt man sich nun unter den vielen Ergebnissen das Richtige aus? Ich schlage folgenden Maßstab vor: Jene Schlußfolgerungen sind am zuverlässigsten, die zeitlich den Laborergebnissen am nächsten sind, auf die sie sich stützen, oder die zusätzlichen Prüfungen unterzogen wurden. Diejenigen, die durch Experiment nachgewiesen und wiederholt werden können, sind am vertrauenswürdigsten. Sobald die Leute sich von experimentellen Daten distanzieren und anfangen, zu theoretisieren, nimmt die Möglichkeit der Irrtümer rapide zu. Je weiter der Denkprozeß von den Labordaten entfernt ist, desto größer ist die Zone, innerhalb derer man persönliche Vorurteile und Denkmuster mit einbringt. Ein Wissenschaftler kann z.B. die verschiedenen Schichten des Grand Canyon erforschen und die verschiedenen Arten der Fossilien auflisten, die er in jeder Schicht gefunden hat. Es ist aber eine ganz andere Sache, wenn er annimmt, daß der Prozeß, der diese Schichten geformt hat, mit dem übereinstimmt, der heute in Kraft ist, und daher folgert, daß dies in soundsoviel Millionen von Jahren geschehen ist. Diese Art von Entwicklung ist natürlich kaum zu duplizieren. Von seinem Gedankensprung vom Fossilienfund zu einer Theorie hat der Wissenschaftler den Freiraum, seine eigenen Ideen mit einzubringen, daß alles auf natürliche Weise erklärt werden muß, weil nur natürliche Kräfte im Universum am Werk sein können.

Wenn wir uns mit Daten aus der säkularen Welt befassen,

vertrauen wir denen am ehesten, die dupliziert werden können. Wir müssen besonders vorsichtig sein, wenn wir es mit generellen Theorien zu tun haben, die es dem Theoretiker erlauben, zu spekulieren. Auch wenn alle Wahrheit Gottes Wahrheit wäre, würde doch viel säkulares Gedankengut nicht als Wahrheit gelten können.

Mit der Erkenntnis, daß genaue Unterschiede und beweisbare Daten notwendig sind, können wir nun die Frage stellen: Worin besteht die Selbstliebe und die Selbstwertschätzung? William James, der mit seinem Werk auf diesem Gebiet vor vielen Jahren bereits das Fundament legte und dessen Arbeiten immer noch als Maßstab betrachtet werden, hat die Formulierung der zeitgenössischen Theorie der Selbstliebe vorweggenommen. Er war darauf bedacht, in der Entfaltung seiner Gedankengänge über die Selbstliebe sorgfältige Unterscheidungen zu machen; dies kommt uns sehr zu Hilfe, wenn wir die moderne Version dieses Begriffs auswerten wollen.

Die Theorie bei William James

Calvin S. Hall und Gardner Lindzey trafen in ihrem Buch „Theories of Personality" folgende Feststellung: „Mit seinem berühmten Kapitel über das Ich (in „Principles of Psychology," Kap. 10, aus dem Jahr 1890) bereitete William James alles vor für das zeitgenössische Denken; vieles von dem, was heute über das Ich und das Ego geschrieben wird, geht direkt oder indirekt auf James zurück."[1] In dem von Hall und Lindzey zitierten Kapitel befaßt sich ein Großteil der Aussagen von James mit der Liebe zum Ich. Da schneidet er viele Theman an, die später für die Entwicklung der Theorie vom Ich entscheidend sind. L. Edward Wells und Geradl Marwell stellen fest: „William James wird gewöhnlich als der früheste Ich-Psychologe identifiziert und seine Schriften sind immer noch das Standardwerk für die Diskussionen um die Selbstwertschätzung, die noch im Gange sind. Die anfänglichen Ausfüh-

---

1 Calvin S. Hall und Gardner Lindzey, *Theories of Personality* (New York: John Wiley & Sons, 1970), S. 515.

rungen von James werden immer noch als maßgeblich anerkannt."² Obwohl James zu einer früheren Zeit gehört, war er ein überaus sorgfältiger und systematischer Denker über das Thema der Selbstliebe. Feine Unterschiede, auf denen er bestand, werden in den mehr spekulativ ausgerichteten modernen Theorien zum größten Teil übergangen. Viele seiner Erkenntnisse beruhen auf dem Reflektieren über sich selbst; er gebrauchte sich selbst als Versuchsobjekt. Deshalb können wir vieles von dem, was James sagt, einfach dadurch bestätigen, daß wir unser Innerstes beobachten. Hier ist zu beachten, daß er an dieser Stelle keine weitreichenden spekulativen Erklärungen abgibt, sondern versucht, die Daten, die er über sein Objekt zusammengetragen hat, sorgfältig zu kategorisieren. Daher können wir die Aussagen von James in diesem Bereich als vertrauenswürdig ansehen.

Die wesentliche Aussage bei James über das Ich steht in seinem Buch, „Psychology: Briefer Course." Dort schreibt er:

> Ganz gleich, worüber ich nachdenke, bin ich mir doch immer gleichzeitig mehr oder weniger *meiner selbst* bewußt, meiner *persönlichen Existenz*. Gleichzeitig bin ich es, der reflektiert; so daß mein ganzes Ich, sozusagen doppelschichtig, teils erkannt und teils erkennend, teils Objekt und teils Subjekt, zwei unterschiedliche Aspekte in sich vereinen muß, die wir kurz das Mich und das Ich nennen können.³

James erkannte, daß ein Mensch sowohl erkennen wie auch erkannt werden kann und machte dadurch auf die Tatsache aufmerksam, daß eine dem Menschen vorbehaltene Fähigkeit darin besteht, daß er eine Beziehung zu sich selbst haben kann. Wir haben nicht nur Beziehungen zu anderen und zur Umwelt, sondern wir haben eine besondere Fähigkeit, in uns hineinzuschauen und zu sagen: „Ich bin eine Persönlichkeit. Ich habe diese oder jene Fähigkeit. Das, was ich sehe, macht mich entweder froh oder traurig. Ich will etwas unternehmen, um meine Situation zu erhalten oder zu verbessern."

---

2 L. Edward Wells und Gerald Marwell, *Self-Esteem: Its Conceptualization and Measurement* (Beverly Hills, Calif.: Stage Productions, 1976), S. 14.
3 William James: *Psychology: Briefer Course* (New York: Henry Holt, 1892) S. 176.

Der Beitrag von James auf diesem Gebiet bestand einfach darin, die verschiedenen Aspekte der Ich/Mich-Beziehung zu klassifizieren. Auf welche Art und Weise trete ich mit mir als Person in Beziehung? Um diese Frage zu beantworten, entwickelte James drei Kategorien. Er nannte sie Selbstgefühl, Selbstliebe und Selbstwertschätzung. James bemerkte, daß Selbstgefühle entweder positiv oder negativ waren; das heißt, ein Mensch kann sich entweder für gut oder schlecht halten. Ein Begriff, den James im Wechsel mit positivem Selbstgefühl gebrauchte, ist Selbstwertschätzung; dieser Begriff fand in der zeitgenössischen Diskussion um die Selbstliebe-Theorie sowohl bei säkularen wie bei evangelikalen Autoren weitgehend Verbreitung.

James zitierte verschiedene Faktoren, die einen Menschen zu postiven oder negativen Selbstgefühlen beeinflussen. Der erste ist unsere Natur, die fundamentale Persönlichkeitsorientierung, mit der wir geboren sind. Er schreibt: „Diese beiden gegensätzlichen Arten von Zuneigung scheinen uns direkt und elementar von unserer Natur her geschenkt worden zu sein." Dann führt er weiter aus, daß diese Gefühle oft nicht in der objektiven Wirklichkeit wurzeln:

> Es gibt eine gewisse gewöhnliche Qualität des Selbstgefühls, das jeder mit sich herumträgt, unabhängig von unseren objektiven Gründen für Zufriedenheit oder Unzufriedenheit. Das heißt, ein Mensch in armseligen Umständen kann total und stur eingebildet sein, während ein anderer, dessen Erfolg im Leben gesichert und der von allen bewundert wird, bis zum Schluß seine eigene Fähigkeit in Frage stellt.[4]

James erkannte nicht nur, daß natürliche Neigungen eine Ursache der Selbstwertschätzung darstellen, sondern er stellte auch die Theorie auf, daß der Leistungsfaktor entweder positives oder negatives Selbstgefühl in uns erzeugt. Auch wenn ein Mensch mit positiver oder negativer Einstellung sich selbst gegenüber geboren wird, so beeinflussen Erfolg und Versagen im Leben ebenfalls diese Gefühle. Man kann mit

---

4 Ibid., S. 182.

positiver Selbsteinstellung geboren sein, doch diese Einstellung kann sich durch eine Kette von Versagen verschlechtern; während ein Mensch, der mit negativer Selbsteinstellung geboren ist, durch eine Reihe von Erfolgen in seiner Selbsteinstellung positiver werden kann. James war der Ansicht, daß aus diesen beiden (Natur und Leistung) die Leistung den größeren Einfluß ausübt. Er meinte, daß die „normale *Herausforderung* des Selbstgefühls im tatsächlichen Erfolg oder Versagen des einzelnen liegt, und an der guten oder schlechten realen Stellung, die man in der Welt hat."[5]

James nannte seine zweite Kategorie der Selbst-Orientierung „Selbst-Liebe." Er entwickelte diesen Begriff unter der Überschrift der „Selbst-Suche" oder „Selbst-Erhaltung." Diese Selbstliebe oder Selbsterhaltung bezieht sich vorrangig auf das Handeln statt auf das Gefühl. Indem er eine Unterscheidung zwischen Selbstgefühlen und Selbstliebe machte, stellte James fest: „'Selbstliebe' gehört eigentlich unter die Rubrik...des Handelns, da das, was gewöhnlich darunter verstanden wird, eher eine Reihe von motorischen Angewohnheiten sind als eine Art Gefühl im eigentlichen Sinn."[6] An anderer Stelle erklärt er: „Was meine Kollegen meine leibliche Selbstsucht oder Selbstliebe nennen, ist nichts anderes als die Summe alles äußerlichen Tuns, zu dem mich das Interesse an meinem Leib spontan veranlaßt."[7]

James beschreibt also die Selbstwertschätzung als ein *Gefühl* und die Selbstliebe als eine *Tat*. Obwohl seine Unterscheidung hier ganz offensichtlich ist, wird doch gerade diese Differenzierung oft übersehen. Das Wort *Liebe* wird für ein breites Spektrum von Begriffen verwendet. Um eine Theorie der Liebe zum Ich zu formulieren, ist es daher notwendig, die verschiedenen Anwendungen des Begriffs *Liebe* in bezug auf die menschliche Existenz zu kategorisieren und den Begriff, der hier zur Debatte steht, festzulegen.

Für James besteht die Selbstliebe in den Dingen, die ein Mensch tut, weil er von Natur aus danach strebt, in seinem

---

5 Ibid.
6 Ibid.
7 William James: *The Principle of Psychology*, 3 Bde. (New York: Henry Holt, 1890), 1:320.

eigenen Interesse zu handeln. Wenn einer hungrig ist, strebt er danach, zu essen; ist er müde, sucht er nach einer Gelegenheit zum Ausruhen; und so weiter. James hat die Liebe zum Ich aus der primären Perspektive jener Handlungen definiert, die für unser Wohlergehen und zur Erhaltung des Lebens notwendig sind. Leider wird seine sorgfältige Unterscheidung zum Selbstgefühl (oder Selbstwertgefühl) und auf das Ich bezogenes Handeln (seine Selbstliebe) in vielen modernen Selbstliebe-Theorien nicht nachvollzogen. Auf die Auswirkungen dieses Versäumnisses gehen wir später ein. Weil Selbstliebe nun ein Tätigkeitswort ist, ist es von Natur aus ein Willensakt, da die Entscheidung zur Tat der Tat vorausgehen muß. Daher setzt die Selbstliebe den Willen voraus: ein Mensch muß sich entscheiden, für sich zu sorgen.

James beschreibt eine dritte Art der Selbst-Einstellung, die er „distanzierte intellektuelle Selbst-Einschätzung" nennt. Mit anderen Worten, der Mensch hat die Fähigkeit, eine objektive Bestandsaufnahme von sich und seinen Fähigkeiten zu machen. James unterstreicht das Vorhandensein dieser Fähigkeit im Menschen, wenn er bemerkt:

Ganz gleich, was er über sich *empfindet*, ob er übermäßig erfreut oder übermäßig deprimiert ist, so kann er doch seinen eigenen Wert *erkennen*, indem er ihn mit den äußerlichen Maßstäben mißt, mit denen er andere Menschen bewertet, und so dem unfairen Gefühl entgegenwirkt, dem er nicht ganz entrinnen kann. Dieser Ablauf der eigenen Bewertung hat nichts zu tun mit der instinktiven Selbstachtung, mit der wir uns bis jetzt befaßt haben.[8]

Aus den drei Beziehungs-Arten, die ein Mensch zu sich selbst haben kann, ist ersichtlich, daß Selbstgefühl von Natur aus emotional ist; die Selbstliebe konzentriert sich auf Wille und Tat; und die Selbsteinschätzung betrifft den Intellekt. Obwohl James seine Kategorien nie mit diesen Worten beschrieben hat, erkannte er die Tatsache, daß der Mensch durch

---

8 Ibid., S. 328.

seine Gefühle, seinen Willen und seinen Intellekt in Beziehung zu sich selbst treten kann durch jene drei Eigenschaften, die eine Person oder Persönlichkeit definieren.

Die drei Kategorien treten auch zu einem gewissen Grad unabhängig voneinander in Kraft. Man kann sich objektiv als erfolgreich sehen und trotzdem negative Selbstgefühle haben. Man kann sich entschließen, für sich zu sorgen trotz negativer Selbstgefühle. Auch wenn ich an Minderwertigkeitsgefühlen leide, werde ich wahrscheinlich für meine nächste Mahlzeit sorgen, Kleidung für mich beschaffen und eine Unterkunft finden. Was also James als Selbstgefühl bezeichnet, ist eine andere Kategorie als diejenige, die er als Selbstliebe bezeichnet.

Welche der drei Kategorien ist dem zeitgenössischen Begriff der Selbstliebe am ähnlichsten? Der Begriff selbst beantwortet unsere Frage nicht, weil das Wort „Liebe" eine Vielzahl von Bedeutungen haben kann: eine körperliche Beziehung, eine gefühlsmäßige Bindung, eine Tat, die einem anderen nützt, oder viele andere Dinge. Wir müssen daher zunächst feststellen, wie der Begriff *Liebe* gebraucht wird.

Die moderne Selbstliebe besteht im wesentlichen aus Gefühl. Sie bedeutet, daß man sich mag oder daß man positive Gefühle gegen sich hegt. Allem Anschein nach paßt die zeitgenössische Idee genau zur gefühls-orientierten Kategorie von James, dem „Selbst-Gefühl," nicht aber zu jenem Verhalten, das der Selbsterhaltung dient, und das James als „Selbst-Liebe" bezeichnet.

Wir sprechen also von zwei verschiedenen Erscheinungsbildern, zwei verschiedenen Arten der Selbst-Beziehung. Die eine konzentriert sich auf Gefühle, die andere auf Wollen und Tun. Wir haben gesehen, daß der Begriff *„Liebe"* sich mit beiden deckt. Darum kann es vorkommen, daß zwei Menschen von der Selbst-Liebe reden (beide verwenden eine korrekte Bezeichnung), aber zwei ganz verschiedene Inhalte meinen, wenn dieser Unterschied nicht herausgestellt wird. Daher ist es so wichtig, wenn wir von der Selbstliebe sprechen, uns zu vergewissern, welche der beiden Arten von Liebe gemeint ist: Gefühl oder Wille und Tat. Wo James den

Begriff Selbstliebe gebraucht, meinte er Wollen und Handeln; die Selbstliebe-Theoretiker unserer Zeit meinen gewöhnlich Gefühle.

Kapitel 4:

Was sagt die Schrift?

Seit Sigmund Freud hat es in der Psychologie eine Vielzahl von Persönlichkeits-Theorien gegeben, Denkmodelle, die beschreiben wollen, was eine Persönlichkeit ausmacht und wie sie funktioniert. Carl Jung, Alfred Adler, Karen Horney, Harry S. Sullivan und viele andere haben zur Formulierung dieser Theorien beigetragen, indem jeder auf dem Vorgänger aufbaute und gleichzeitig seinen eigenen Beitrag erbrachte.

Das umfassendste Werk, das je über die menschliche Persönlichkeit verfaßt wurde, ist jedoch die Bibel. Dort finden wir einen Begriff nach dem anderen, der ausdrückt, wie der Mensch wirklich ist und in welcher Beziehung er zu anderen steht und stehen *sollte*, sowohl zu Gott als auch zu seinen Freunden und Geschäftspartnern, zum Ehepartner, zu den Kindern wie auch zu sich selbst. Die Bibel spricht von Liebe und Haß, Stolz und Demut, Freude und Traurigkeit, ethischen Siegen und Niederlagen. Sie spricht vom Intellekt, den Gefühlen und dem Willen, und wie diese zueinander in Beziehung stehen sollen. Die Liste der Persönlichkeitsaspekte, die in der Bibel behandelt werden, könnte beliebig erweitert werden, ganz zu schweigen von dem, was sie zu jedem einzelnen Bereich zu sagen hat.

Das Schweigen der Schrift

Da sich nun die Bibel so sehr mit der menschlichen Persönlichkeit beschäftigt, wäre anzunehmen, daß das Wort Gottes eine Menge über die Selbstliebe zu sagen hätte, wenn diese ein wichtiger Aspekt der Persönlichkeit wäre. Das müßte besonders der Fall sein, wenn die Liebe zum Ich notwendig wäre, um ein glückliches, erfülltes Leben zu führen und harmonische Beziehungen mit uns selbst und anderen zu pflegen. Man kann sich schwer vorstellen, daß ein Buch, das so viel über den Menschen zu sagen hat, in einem so bedeutungsvollen Bereich einen blinden Fleck hätte.

Tatsache ist jedoch, daß die Bibel über die Liebe zum Ich, wie sie von den modernen Theoretikern beschrieben wird, nichts Ausdrückliches, Klares, lehrt. Wir wollen nun den Beweis erbringen, daß es keine einzige unmittelbare biblische Ermahnung oder Aufforderung gibt, der einzelne solle positive Selbstgefühle hegen. Es klingen auch keine der gängigen Aussagen an, wie „ich finde mich gut" oder „ich mag mich." Das Fehlen biblischer Lehre in diesem Punkt ist gewiß bemerkenswert. Wenn wir glauben, daß die Bibel alles enthält, was die Kirche braucht, würde sie dann eine Frage in bezug auf ein frohes, siegreiches Leben nicht aufgreifen?

Wir müssen uns natürlich im klaren darüber sein, daß es einige Dinge gibt, die sich nicht unter den in der Schrift behandelten Themen befinden. Biblische Aussagen, gleich über welchen Bereich, sind immer wahr, aber die Bibel ist offensichtlich kein Lexikon. Gewisse Themen kommen nicht vor; und da bedeutet das Schweigen der Bibel weder Duldung noch Verurteilung. Manche wollen behaupten, daß die Liebe zum Ich eines dieser „nicht diskutierten Themen" sei, aber das ist problematisch. Wenn das Thema tatsächlich so brisant ist, wie seine Befürworter behaupten, läge es der Schrift so sehr am Herzen, daß sie es nicht als irrelevant oder bedeutungslos für die Kernbotschaft übergehen würde. Man kann ruhig sagen, wenn die evangelikale Theorie der Selbstliebe stichhaltig ist, müßte die Bibel sich gründlich mit ihr auseinandersetzen. Daß nichts dergleichen geschieht, verlangt nach einer Erklärung.

Aber dieser Sachverhalt ist bis heute nicht geklärt worden. In der umfangreichen Literatur über dieses Thema finden wir fast nie einen Hinweis darauf, daß es eine unmittelbare biblische Lehre über die Selbstliebe nicht gibt. Nur wenig ernsthafte Versuche sind unternommen worden, dieses Schweigen zu erklären. An diesem Punkt ist eine Frage berechtigt: „Lehrt uns denn die Bibel nicht, daß wir unseren Nächsten lieben sollen wie uns selbst? Wenn ich also meinen Nächsten lieben will, muß ich mich zuerst selbst lieben." Interessanterweise war der erste moderne Befürworter der Selbstliebe, der diese Stelle als biblische Begründung der Selbstliebe heranzog, kein Evangelikaler, sondern Erich Fromm, ein Psychologe und ein überzeugter, selbsternannter Humanist.

Das Gebot, unseren Nächsten wie uns selbst zu lieben, kommt in einer Anzahl von Schriftstellen zur Sprache, im Alten, wie im Neuen Testament. Als Jesus gefragt wurde: „Lehrer, welches ist das wichtigste Gebot im Gesetz?" (Matthäus 22,36), nannte er zwei Gebote als Antwort. Das erste fordert ungeteilte Liebe zu Gott (Vers 37-38) und das zweite die Liebe zum Nächsten (Vers 39). Christus schloß die Diskussion mit der Bemerkung ab: „An diesen beiden Geboten hängt das ganze Gesetz und die Propheten" (Vers 40).

Dieses Gebot, unseren Nächsten wie uns selbst zu lieben, wird von vielen nicht nur als biblische Rechtfertigung, sondern als biblisches Mandat angesehen, uns selbst zu lieben. Jay Adams widerspricht diesem Gedanken und trifft dabei den Kern:

Als Christus sagte, daß das ganze Gesetz in zwei Geboten zusammengefaßt werden könne (Liebe zu Gott und Liebe zum Nächsten), wollte er uns das und nichts weiter sagen. Und doch sind einige Christen (die mit der Psychologie liebäugeln) und einige Psychiater, die Christen sind, damit nicht zufrieden; sie fügen (riskanterweise) ein drittes Gebot hinzu: Liebe dich selbst. ... Die Tatsache, daß Christus nur „*zwei* Gebote" (Vers 40) unterscheidet, ist ausschlaggebend. Hätte er beabsichtigt, ein drittes hervorzuheben (besonders wenn eines der anderen zwei von diesem abhängig war), hätte er sich anders ausdrücken müssen, als er es an dieser Stelle tut. Ein solches Psychologisieren der Stelle vernichtet ihre einfache Absicht und verschiebt ihre Betonung auf bedenkliche Weise... Es ist daher unrichtig und gefährlich, eine große Sache aus dem zu machen, was Christus nicht einmal erwähnt hat (und zudem durch das eingrenzende Wort *zwei* ausdrücklich ausgeschlossen hat).[1]

Dem Argument von Adams ist nicht leicht zu begegnen, und wir wissen von keinem Vertreter der Selbstliebe, der es widerlegt hätte. Hätte Christus den Menschen befehlen wollen, sich selbst zu lieben, wäre eine dritte klare Weisung notwendig gewesen, besonders wenn ein Fehlen dieser Selbstliebe Probleme solch epidemischen Ausmaßes und weitreichender Konsequenzen nach sich zieht, wie behauptet wird.

Der Grund, weshalb Christus kein drittes Gebot nannte, könnte darin gesehen werden, daß die Art von Selbstliebe, die er erwähnte, in den Menschen bereits als vorhanden angenommen wurde. Es muß wohl etwas sein, was wir automatisch, instinktiv tun. Es war nicht nötig, diese Art von Selbstliebe zu befehlen. Paulus bestätigt ebenfalls die allgemeine Verbreitung dieser Art von Selbstliebe, wenn er darauf besteht, daß ein Mann seine Frau lieben soll wie seinen eigenen Leib (Epheser 5,28-29). Hier wird die Selbstliebe oder Selbst-Erhaltung ganz klar vorausgesetzt. Die Beweisführung der beiden Stellen stützt sich gerade auf diese Voraussetzung. Es wird davon ausgegangen, daß alle Menschen sich auf irgend eine Weise selbst lieben. Die Botschaft ist ganz *klar:* „*Weil* du dich selbst liebst, liebe auf dieselbe Weise deinen Nächsten oder deine Frau."

Die Universalität der Selbstliebe, wie sie diesen Stellen zugrundeliegt, ist für die zeitgenössische Theorie der Selbstliebe besonders problematisch. Sie geht ja im wesentlichen davon aus, daß viele Menschen am Fehlen der Selbstliebe kranken. Unserer Gesellschaft wird nachgesagt, daß sie an dieser Krankheit schwer leidet. Wenn die Bibel tatsächlich von derselben Selbstliebe spricht, die die moderne Theorie ver-

---

1 Jay E. Adams, „Christian Counselor's Manual" (Nutley, N.J.: *Presbyterian and Reformed*, 1976), S. 142-43.

schreibt, dann müssen sich die Psychologen über den chronischen Mangel an Selbstliebe irren.

Obwohl viele Selbstliebe-Vertreter diese Schwierigkeit gewöhnlich unter den Teppich kehren, wurde sie von Trobisch erkannt, der die Situation so zu erklären versucht:

Die Frage ist jetzt, wie Jesus voraussetzen konnte, daß diese Selbstliebe in seinen Zuhörern...selbstverständlich vorhanden war. Die Antwort mag teilweise darin liegen, daß die Leute zu Jesu Zeiten viel gelassener und weniger neurotisch waren als der moderne Mensch. Sie kamen leichter dazu, sich anzunehmen und liebenswert zu finden. Darum konnte Jesus voraussetzen, daß seine Zuhörer gelernt hatten, sich anzunehmen in einer Weise, die der moderne Mensch erst noch lernen muß. Was als natürliche Eigenschaft in jener Zeit vorausgesetzt wurde, ist etwas, was für den modernen Menschen schwierig zu erwerben ist.[2]

Dieser Versuch, die „Nächsten"-Stelle mit der Theorie vom Ich in Einklang zu bringen, ist aus mehreren Gründen unhaltbar. Erstens kann sich die menschliche Natur nicht so drastisch verändern, wie Trobisch dies darstellt. Zu behaupten, daß sich die menschliche Natur eines Zeitalters relativ geringfügig vom vorhergehenden unterscheidet, mag vielleicht noch angehen. Aber zu behaupten, daß Selbstannahme als Norm in den Tagen Christi vorausgesetzt werden konnte, während ihr Fehlen heute epidemische Ausmaße angenommen hat, mutet unserem Verständnis der menschlichen Persönlichkeit einfach zu viel zu.

Zweitens, selbst wenn die Menschen zur Zeit Christi sich selbst angenommen haben, so hat ihnen diese Selbstannahme bei weitem nicht das gebracht, was die Vertreter der Selbstliebe von ihr behaupten. Ein kurzer Blick in das Leben jener Zeit mit einigen von Paulus aufgelisteten Verhaltensstörungen (siehe Epheser 4,17-19) zeigt ein alles andere als vollkommenes Bild der Menschheit.

Drittens, wenn man auf den Sprachgebrauch achtet, kann man schwerlich die These akzeptieren, daß Christus und Pau-

---

2 Walter Trobisch, *Love Yourself* (Downers Grove: Intervarsity, 1976) S. 12

lus von einer Art kurzfristiger, vorübergehender Selbstliebe gesprochen haben sollen, die einmal in der menschlichen Gesellschaft auftritt, um dann wieder zu verschwinden. Greifen wir beispielsweise die Behauptung von Paulus in Epheser 5,29 heraus: „Denn niemand haßt seinen eigenen Leib." Diese Feststellung hat den Ton einer universellen Aussage, die auf alle Zeiten zutrifft.

Matthäus 22 oder Epheser 5 als biblische Grundlage für die Selbstliebe heranziehen zu wollen, bereitet echte Schwierigkeiten. Diese Stellen deuten darauf hin, daß eine Art Selbstliebe zur universellen Ausrüstung gehört und eine der Menschheit eigene Eigenschaft ist. Der Verfechter der Ich-Theorie, der diese Verse anführt, würde mit seinem Beweis über das Ziel hinausschießen und sozusagen den Krieg verlieren, während er den Kampf gewinnt. Er mag zwar beweisen, daß wir uns selbst lieben sollen, aber gleichzeitig würde er die Notwendigkeit seiner Theorie verneinen.

Wie sollen wir nun das, was Jesus und Paulus hier sagen, verstehen? Es könnte ja sein, daß ihre Art von Selbstliebe sich von der Selbstliebe in der modernen evangelikalen Literatur *unterscheidet*. Dieses Argument hat eine gute Grundlage: es entspricht nämlich der Wirklichkeit. Wir wissen, daß viele Menschen *kein* positives Selbstgefühl – kein gutes Bild von sich selbst – haben. Solche Gefühle sind anscheinend der menschlichen Natur an sich nicht eigen, aber wir alle haben eine Veranlagung zur Selbsterhaltung.

Die biblischen Ausdrücke für „Liebe"

Ein weiterer Grund für die Annahme, daß es sich bei der Selbstliebe in der Bibel nicht um dieselbe handelt, die die modernen Schriftsteller befürworten, liegt in den Worten, die die Bibel für „Liebe" gebraucht.

Überraschenderweise gibt es in den evangelikalen Schriften über die Selbstliebe wenig Ansätze zu einer präzisen biblischen Definition der Liebe. Es sollte sorgfältig unterschieden werden zwischen den beiden griechischen Grundbegriffen, die mit „Liebe" im Neuen Testament übersetzt werden. Es ist das bekannte Wort agape und sein Verb *agapao* sowie *philia* und sein Verb *phileo*. (Bei diesen beiden Worten hat das Hauptwort im wesentlichen dieselbe Bedeutung wie das Zeitwort; darum werden wir primär das Hauptwort gebrauchen. Falls nicht ausdrücklich vermerkt, ist zwischen dem Hauptwort und dem Zeitwort kein Unterschied beabsichtigt.)

In unserem Überblick über die Selbstliebe der Psychologie und der evangelikalen Seite ist klar zutage getreten, daß beide die emotionale Art, das Selbst-Gefühl, meinen. Man sagt uns, jeder von uns solle „sich mögen," „ein gutes Gefühl gegen sich hegen," „stolz auf sich sein," und ähnliches. Ein Autor sagt einfach: „Die Liebe ist eigentlich ein Gefühl."[3] Ausschnitte wie der folgende zeigen, daß Gefühle der Kern der Sache sind:

> Die meisten von uns haben gemischte Gefühle über sich selbst. Wir wechseln zwischen Zeiten relativer Zufriedenheit und Zeiten der Unzufriedenheit mit uns selbst. Manchmal mögen wir uns selbst, manchmal nicht. Wenn wir mit uns zufrieden sind, sind wir glücklich, selbstbewußt, entspannt und wach. Wenn nicht, stehen wir unter Druck, machen uns Sorgen, sind gereizt oder „down."[4]

Viele andere ähnliche Aussagen könnten aufgeführt werden, die die Selbstliebe eindeutig als im wesentlichen emotional beschreiben und somit den „Selbst-Gefühlen" von William James entsprechen. Welchem Wort für „Liebe" im Neuen Testament entsprechen diese Selbstgefühle?

Narramore ist einer der wenigen evangelikalen Autoren, der die Wortwahl im Neuen Testament für den Begriff der Liebe untersucht. In seinem Buch „You're Someone Special" versucht er, die Liebe formell zu definieren. Er ist der Meinung, daß die Art von Liebe, die als „Selbstliebe" bezeichnet wird, sich nicht mit *philia* deckt, sondern mit dem prominenteren Wort *agape*. Narramore zufolge bedeutet *philia* „eine innige Zuneigung oder eine Liebe, die durch feurige Impulse gekennzeichnet ist ..." Andererseits geht *agape* „in die Rich-

---

3 Maurice E. Wagner, *The Sensation of Being Somebody* (Grand Rapids: Zondervan, 1975), S. 234.
4 Bruce Narramore, *You're Someone Special* (Grand Rapids: Zondervan 1978), S. 11.

tung von Hochachtung oder Wertschätzung." Narramore wendet diese Begriffe folgendermaßen an:

> Agape konzentriert sich also auf den Wert und die Bedeutung einer Person. Das ist weder emotionale, ekstatische Verehrung, noch ist es das Gefühl, das wir haben, wenn wir uns „verlieben." Es ist ganz sicher kein erotisches Gefühl. Vielmehr ist die agape Liebe eine Haltung der tiefen Wertschätzung und Hochachtung. Das ist die Kernbedeutung der biblischen Selbstliebe. Sie bedeutet, daß wir uns schätzen und achten als Menschen von Bedeutung.[5]

Seine Definition beruht auf Faussett's Bible Dictionary. Faussett ist zwar ein guter Kommentator, aber seine Stärke liegt nicht gerade im Analysieren der Unterschiede zwischen *philia* und *agape*. Ein tieferes Studium zeigt, daß diese Schlußfolgerungen nicht zutreffen.

Philia bezieht sich gewöhnlich auf natürliche menschliche Zuneigung, Gernhaben, Mögen. Frederick Godet definiert den Ausdruck mit „*Liebhaben*, Lieben im Sinn einer persönlichen Bindung,"[6] und B.F. Westcott als „das Gefühl natürlicher Liebe."[7] R.C.H. Lenski ist derselben Meinung: „*philia*" ist der Ausdruck einer Liebe, die lediglich mit persönlicher Zuneigung oder Gernhaben zu tun hat." Er führt weiter aus, daß *philia* den Begriff der „Intelligenz oder hohen Zielsetzung" nicht einschließt.[8] Es scheint darum zu gehen, daß die Zuneigung, von der hier gesprochen wird, nicht in erster Linie auf der kalkulierten Analyse einer Situation und der damit verbundenen Menschen beruht; sie ist im Grunde auch nicht willensgesteuert. Sie ist eine natürliche, spontane Freude an einer anderen Person. Die Übereinstimmung zwischen der obigen und der in der Ich-Theorie angewandten Beschreibung ist verblüffend.

Was die Kernbedeutung von *agape* in biblischer Literatur

---

5 Ibid., S. 38.
6 Frederich Louis Godet, *Commentary on the Gospel of John,* 2 Bde. (Grand Rapids: Zondervan, 1969), 2:445.
7 Brooke Foss Westcott, *The Gospel According to St. John* (London: James Clarke, 1958), S. 302.
8 B.C.H. Lenski, *The Interpretation of St. John's Gospel* (Minneapolis: Augsburg, 1961), S. 1419.

betrifft, so beschreibt Ethelbert Stauffer sie kurz und bündig; ihm zufolge gehören dazu: „Die Idee der Auswahl, der gewollten Zuwendung und der Bereitschaft zum Handeln."[9] Damit stellt er die beiden Grundelemente von agape heraus: Wollen und Handeln. Von den meisten Gelehrten, die ein Tiefenstudium über das Wort gemacht haben, sind diese beiden Elemente als Bestandteil einer Definition von agape aufgeführt worden. Beide Begriffe werden aber nicht immer ausdrücklich aufgeführt, weil sie funktionsmäßig eng miteinander verwandt sind, das heißt, Wollen führt zum Handeln.

Stauffer ist der Ansicht, daß *agape* durch die Assoziation mit dem hebräischen Wort *aheb* an Intensität gewonnen hat; *aheb* ist das Wort für Liebe in der alttestamentlichen Stelle, aus der Jesus zitierte (3. Mose 19,18). Stauffer weist auf die Bedeutung des alttestamentlichen Wortes hin: „Die Liebe Gottes für Israel (5. Mose 7,13) ist kein Impuls, sondern Wille; die Liebe zu Gott und zum Nächsten, die dem Israeliten geboten war (4. Mose 6,5; 3. Mose 19,18) ist kein Rausch, sondern Handeln."[10] Auch hier geht es im wesentlichen um Wollen und Handeln. Stauffer zeigt die enge Verwandtschaft zwischen den beiden Worten auf: „Dieses Wort *(agape)*, das in der Septuaginta (dem griechischen Alten Testament) oft vorkommt, ist zum größten Teil eine Wiedergabe von *aheb* und seinen Ableitungen."[11] Das alttestamentliche Verständnis der vom Willen gesteuerten Liebe wird in die Evangelien mit dem Ausdruck *agape* übernommen. „Für Jesus ist die Liebe ebenfalls eine Sache des Wollens und Handelns".[12] Und dasselbe ist der Fall bei der *agape*, der Liebe Gottes in den Paulinischen Schriften. „Sie besteht in der Ausrichtung des souveränen Willens Gottes auf die Welt der Menschen und die Befreiung dieser Welt."[13] W.E. Vine definiert agape und stellt fest: „Offensichtlich ist dies keine unreflektierte oder gefühlvolle Liebe.... Der göttliche Wille traf bewußt seine

---

9 Ethelbert Stauffer, „Love in Judaism," *Theological Dictionary of the New Testament*, ed. Gerhard Kittel, trans. Geoffrey W. Bromiley, 10 Bde. (Grand Rapids: Eerdmans, 1965), 1:39.
10 Ibid., S. 38
11 Ibid., S. 22
12 Ibid., S. 48
13 Ibid., S. 49

Wahl."[14] Der gleiche Gedanke tritt in der Liebe des Menschen zu Gott in Erscheinung. „Christliche Liebe hat Gott zum Ziel und drückt sich vorrangig in absolutem Gehorsam seinen Geboten gegenüber aus."[15] Vine grenzt *agape* zusätzlich ab, wenn er erklärt, was sie nicht ist: „Christliche Liebe, gleich ob sie sich den Brüdern oder den Menschen allgemein gegenüber ausdrückt, ist kein gefühlsmäßiger Impuls, läuft nicht immer parallel mit den natürlichen Neigungen, und richtet sich nicht nur an diejenigen, zu denen man eine Neigung entdeckt."[16] Auch William Evans' Beschreibung von *agape* enthält „einen eindeutigen Willensentschluß."[17] Lenski definiert sie als „intelligente, vernünftige und verständige Liebe, gepaart mit einem entsprechenden Zweck."[18] G. Abbott-Smith sagt von der *agape*: Sie ist „das geistliche Gefühl, das dem Befehl des Willens unterliegt, und daher als Pflicht befohlen werden kann, im Gegensatz zum instinktiven und unüberlegten Gefühl."[19]

Wenn die Definitionen, die wir für *agape* und *philia* ermittelt haben, korrekt sind, sollten sie im Neuen Testament so wiedergegeben sein. Einige haben festgestellt, daß *agape* oft in der Befehlsform gebraucht wird, während das bei *philia* nie der Fall ist, was aufgrund der oben angeführten Definitionen zu erwarten wäre. Ein Befehl, der sich an unser Wollen und Tun richtet, ist angebracht, aber der Befehl, einem anderen Gefühle der Zuneigung *(philia)* entgegenzubringen, scheint unseren menschlichen Fähigkeiten zu widersprechen. Das trifft besonders auf das Gebot zu, die Fremden und Feinde zu lieben. Viele dieser Befehle machen die erforderliche *Tat* zur Auflage: „Liebet *(agapate)* eure Feinde, und betet für die, die euch verfolgen" (Matthäus 5,44).

Aber welcher dieser Begriffe deckt sich nun am besten mit der Liebe, die wir in der Theorie der Selbstliebe vorfinden?

---

14 W.E. Vine, *An Expository Dictionary of New Testament Words*, 3 Bde. (Westwood, N.J.: Revell, 1966) 3,21.
15 Ibid., S. 16
16 Ibid.
17 William Evans, „Love" in *International Standard Bible Encyclopaedia*, ed. James Orr, 5 vols. (Grand Rapids: Eerdmans, 1939), 3:1932.
18 Lenski, S. 1419.
19 G. Abbott-Smith, *A Manual Greek Lexicon of the New Testament*, (Edinburgh: T & T Clark, 1956), S. 3.

Doch wohl *philia* mit seiner Betonung auf Zuneigung, Sympathie, Verbundenheit, einem Gefühl natürlicher Liebe, des Zugetanseins, und so fort. Beinahe alle Begriffe, die herangezogen werden, um *philia* zu definieren, werden für die Definition der Selbstliebe gebraucht, wie sie von den modernen Theoretikern beschrieben wird. Carl Rogers, ein Psychologe, ist für viele evangelikale Befürworter der Selbstliebe zum Leitstern geworden. Wie wir noch sehen werden, haben sie seinen Schriften besonders viel entlehnt. Es ist aufschlußreich, wie ähnlich sich *philia* und Rogers' Definition der positiven Einstellung sind. Er erklärt: „Im allgemeinen wird die positive Einstellung so definiert, daß sie Herzlichkeit, Zuneigung, Respekt, Sympathie und Annahme einschließt."[20] *Philia*-ähnliche Eigenschaften treten auch bei vielen evangelikalen Autoren in Erscheinung: „Wir alle wollen ein gutes Gefühl über uns haben."[21] Offensichtlich hat diese Feststellung nichts mit Wollen und Handeln zu tun, sondern mit dem Gefühl und der Zuneigung. Die Betonung liegt auf Gefühlen, Emotion, Zuneigung und den damit zusammenhängenden Ideen. Im Gegensatz dazu ist der biblische Begriff der *agape* und die Kategorie der Selbstliebe bei William James im Grunde dasselbe, da beide aus Wollen und Handeln bestehen.

Wenn wir nochmals Matthäus 22,39 aufgreifen, sehen wir, daß Jesus den Begriff *agapao* benutzt. Im Blick auf die mit dem Wort *agapao* verbundenen Assoziationen des Wollens und Handelns ist es unzulässig, diesen Vers so darzustellen, als ob er die Art der Eigenliebe befehle, die heute verlangt wird. Zu diesem Ergebnis kommt auch Piper, der bemerkt, daß die Parallelstelle in Lukas das Gebot eindeutig durch die Geschichte des „Guten Samariters" (Lukas 10,25-37) illustriert. Er weist darauf hin, daß in dieser Geschichte die Liebe durch die Bereitschaft gekennzeichnet ist, „dein Tagespro-

---

20 C.R. Rogers, „A Theory of Therapy, Personality, and Interpersonal Relationship, as Developed in the Client-Centered Framework," in *Psychology: A Study of Science*, ed. S. Koch, (New York: McGraw-Hill, 1959), Bde. 3, *Formulations of the Person and the Social Context*, S. 208.
21 Bruce Narramore and Bill Counts, *Freedom from Guilt* (Irvine, Calif.: Harvest House, 1974), S. 8.

gramm zu unterbrechen, dein Öl, deinen Wein und dein Geld aufzubrauchen, um dem Nächsten das zu tun, was du für ihn am besten hältst."[22] Die Tat steht im Mittelpunkt, nicht das Gefühl.

Ein solches Verständnis der Stelle über den „Nächsten" erklärt auch, weshalb Christus diese Art der Selbstliebe als universell voraussetzt. Selbsterhaltung – die Neigung, unsere eigenen Bedürfnisse zu befriedigen, uns zu nähren und Unterkunft zu finden – sind teil unserer menschlichen Veranlagung. Gewöhnlich muß man einen Menschen nicht erst dazu auffordern, für seine Bedürfnisse zu sorgen. Im Gegenteil, der Mensch sucht seine Bedürfnisse unaufhaltsam zu befriedigen, wenn er nicht daran gehindert wird. Jesus sagt, so sollen wir den Nächsten behandeln, und an anderer Stelle, auch den Fremden und den Feind. Niemand muß mir befehlen, mich um meine eigenen Bedürfnisse zu kümmern; das geschieht instinktiv. Wenn es aber darum geht, die Bedürfnisse meines Nächsten zu befriedigen, bin ich nicht von Natur aus angelegt, auf seine Belange automatisch einfühlsam zu reagieren. Darum ruft mich der Befehl Christi auf zu dieser Art von wachem Gespür.

Was Paulus den Ehemännern aufträgt, spiegelt ebenfalls die *agape* Atmosphäre von Epheser 5 wider. „Ihr Männer, liebt eure Frauen, wie auch Christus die Gemeinde geliebt und sich selbst für sie hingegeben hat" (Vers 25). Diese Stelle ist in der Befehlsform und fordert zum Handeln auf, so wie Christus das tat, als er sich selbst hingab. Der Begriff „pflegen" (Vers 29) mag auf den ersten Blick mehr Gefühl als Handeln andeuten, aber das wird geklärt, wenn wir bedenken, daß dieses Wort im Grunde „wärmen"[23] bedeutet. Durch die Verwendung von *agapao* schließt Paulus demnach nähren und wärmen ein, die Grundlage der Körperpflege. Die Selbstliebe von Epheser 5,28-29 ist die Selbsterhaltung. Es geht hier nicht um schöne Gefühle.

---

22 John Piper, „Is Self-Love Biblical?" *Christianity Today*, 12 August 1977, S. 6-9.
23 Joseph Henry Thayer, *Greek-English Lexicon of the New Testament* (Grand Rapids: Zondervan, 1970), S. 282.

Eine Warnung aus der Schrift

Wie nachgewiesen, wird durch die Unvereinbarkeit von Matthäus 22 und Epheser 5 mit der modernen Theorie der Selbstliebe, einer Interpretation der ausdrücklich befohlenen Selbstliebe die einzige Grundlage entzogen. Ihre Befürworter erheben keinen Anspruch auf ausdrückliche biblische Lehre an anderer Stelle; es gibt auch keine andere Stelle, die dafür in Frage käme. Dieses Schweigen stellt den Anspruch in Zweifel, daß die Selbstliebe zeitgenössischer Prägung ein biblischer Begriff ist.

Aber noch vernichtender ist die Ähnlichkeit zwischen der Liebe, die die Ich-Theorie beschreibt, und *philia*. Wir möchten schnell hinzufügen, daß *philia* selbst eine wunderbare Art der Liebe ist. Dazu gehören jene göttlichen und menschlichen Zuneigungen, die im Leben so viel Freude bereiten. Wie steht es aber mit *philia* Zuneigung zum *Ich*, jener Art von Selbstliebe, die die modernen Schriftsteller beschreiben? Was sagt die Bibel dazu? 2. Timotheus 3,1-4 gibt eine spezifische Erklärung für diese *philia* Eigenliebe: „Das sollst du aber wissen, daß in den letzten Tagen schlechte Zeiten kommen werden. Denn die Menschen werden *sich selbst lieben*, geldgierig sein, prahlerisch, hochmütig, schmähsüchtig, den Eltern ungehorsam, undankbar, unheilig, lieblos, unversöhnlich, verleumderisch, zuchtlos, wild, dem Guten feind, verräterisch, verwegen und verblendet" (Hervorhebung durch den Autor).

Den Begriff, den Paulus hier für „sich selbst lieben" anwendet, ist *philautos*, eine Zusammensetzung der beiden griechischen Wörter für Liebe und Selbst, *philia* und *autos* (der Begriff kommt sonst nirgends im Neuen Testament vor). Daß die Definition von *philia* sich mit derjenigen so übereinstimmend deckt, die heute für Selbstliebe gebraucht wird, ist ein solider Beweis dafür, daß diese Stelle über diese Art von Liebe spricht.

Zwei Dinge in diesem Text lassen uns sofort aufhorchen. Erstens, daß er im Zusammenhang mit „den letzten Tagen" steht. Wie oft hören wir die Christen sagen: „Wir leben sicher in den letzten Tagen." Sie meinen selbstverständlich die Zeit, die von den Eigenschaften charakterisiert ist, die Paulus so unverblümt beschreibt. Und doch scheinen viele Evangelikale nicht miteinander zu verbinden, was hier miteinander verbunden ist, daß nämlich die letzten Tage und eine sündige Selbstliebe Hand in Hand gehen, und daß weder das eine noch das andere gutzuheißen ist.

Zweitens sollte die Lehre von Paulus unsere Aufmerksamkeit deshalb erregen, weil heute die Lehre der Selbstliebe nicht nur ein evangelikales Phänomen ist. Das sollte uns zu denken geben, denn dadurch wird die moderne Selbstliebe noch enger mit 2. Timotheus 3 verknüpft. Wenn dies nur eine evangelikale Lehre *wäre*, wäre es befremdlich, daß Paulus sie als prominentes Merkmal der letzten Tage kennzeichnet; da aber sowohl das säkulare wie auch das evangelikale Denken völlig von diesem Begriff durchsetzt ist, müssen wir darin ein Kennzeichen unserer Zeit sehen. John Piper sagt treffend über unsere Zeit: „Ein Jahrzehnt hat der Ich-Kult (ein Ausdruck von Thomas Howard) sich mit außergewöhnlicher Schnelligkeit ausgebreitet und seine kompetenten Vertreter nutzen jede Gelegenheit, uns einen Spiegel vor Augen zu halten mit der Aufforderung, Gefallen an dem zu finden, was wir sehen."[24] Im Alltag findet das seinen Niederschlag in den verschiedensten Zeitschriften und Bestsellern, die uns zu verstehen geben, daß wir „O.K.", in Ordnung, sind und daß wir uns um „Nummer Eins kümmern" sollten. Es wäre sicherlich naiv zu folgern, daß diese säkulare Ausbreitung des Gedankenguts der Selbstliebe mit der gleichen Entwicklung auf evangelikaler Seite nichts zu tun hätte. Auf den *Umfang* dieser Beziehung gehen wir später ein, aber die *Tatsache* ist nicht zu leugnen.

2. Timotheus 3 ist von den Befürwortern der Selbstliebe größtenteils nicht beachtet worden. Sie haben kaum einen ernsthaften Versuch unternommen, die offensichtliche Verurteilung der Art von Selbstgefühlen zu erklären, die sie empfehlen. Dieses Versäumnis ist sehr auffällig und sollte uns veranlassen, diesen Bereich mit äußerster Vorsicht zu betreten.

---

24 Piper, S. 6.

Kapitel 5:

Die Grundlage der Selbstliebe

An diesem Punkt drängt sich eine Frage auf. Wenn die Selbstliebe moderner Prägung sich nicht auf die ausdrückliche Lehre der Schrift berufen kann, worauf stützen dann die modernen Evangelikalen ihre Theorie? Wo sind ihre biblischen Belege? Einige haben erkannt, daß Matthäus 22,39 als biblische Grundlage auf schwachen Füßen steht und haben sich nach anderen Stellen umgeschaut. Bruce Narramore hat diesem Bedürfnis Ausdruck verliehen:

Ich erinnere mich, wie die Idee der Selbstliebe zum erstenmal in mir aufkam. Ich befand mich im Gespräch mit einigen Freunden und einer von ihnen erklärte: „Christus sagte, du sollst deinen Nächsten lieben wie dich selbst. Das bedeutet doch," fuhr er fort, „daß wir uns selbst lieben sollen. Wie könnte Christus sonst sagen ‚wie dich selbst'?"

Seit dieser Zeit habe ich viele andere diese Meinung vertreten hören. Jedesmal verspüre ich dieselbe unbehagliche Reaktion. Ich meine, diese Leute haben recht, wenn sie uns sagen, wir sollen uns lieben. Aber sie liegen falsch, wenn sie diese Stelle zum Beweis der Selbstliebe heranziehen.[1]

Evangelikale Schriftsteller wie Narramore, die erkennen, daß das Gebot Jesu, „Liebe deinen Nächsten wie dich selbst," nicht die Selbstliebe lehrt, versuchen aber trotzdem zu beweisen, daß wir eine biblische Berechtigung dafür haben, wenn die Bibel es auch nicht direkt bestätigt. Sie argumentieren,

---

1 Bruce Narramore, *You're Someone Special* (Grand Rapids: Zondervan, 1978), S. 21-22.

daß es biblische *Gründe* für die Selbstliebe gibt; daher sei sie legitim und für den Christen notwendig, wenn er sein von Gott gegebenes Potential erfüllen will.

Doch diese Vorgehensweise ist bestenfalls unbefriedigend. Übertragen wir sie beispielsweise auf das Gebet. Wir können von folgender Überlegung ausgehen: Da Gott unser himmlischer Vater ist, sollten wir ihm unsere Bitten vortragen, wie wir das bei unseren irdischen Vätern tun. Da er allwissend ist, hört er unser Gebet. Da er ein liebender Vater ist, will er es beantworten. Da er allmächtig ist, kann er es beantworten. Wir kommen daher zu dem Schluß, daß das Gebet ein wunderbares Privileg der Gotteskinder ist.

Diese Theorie beruht also auf einem soliden Fundament. Wäre es da nicht überraschend, wenn die Bibel nirgends das Gebet erwähnen würde? Wenn sie uns nichts über das Gebet von anderen berichten würde, wenn sie uns nicht lehrte zu beten und uns dazu ermutigte? Wenn in der Bibel keine Gebetserhörungen stünden oder wenn uns nicht eindrücklich gesagt würde, welche Konsequenzen die Gebetslosigkeit nach sich zieht? Wenn all dies fehlte, würde uns das nicht große Sorgen bereiten und uns anhalten, unsere Theorie zu überprüfen, obwohl es schien, als ob die Schrift uns eine Grundlage für das Gebet lieferte? Denn die theoretische Grundlage und die Praxis gehören unbedingt zusammen. Das Fehlen der Praxis berechtigt zum Zweifel an der soliden Basis.

Genauso ist es mit der Selbstliebe. Auch wenn die Theorie überzeugend klingen mag, stellt doch das Fehlen klarer Richtlinien in dieser Beziehung die biblische Grundlage in Frage. Bevor wir uns den biblischen Überlegungen zuwenden, die die evangelikalen Vertreter der Selbstliebe anwenden, müssen wir uns zunächst näher mit der theoretischen Struktur der Selbstliebe befassen. Worin besteht eigentlich der spezifische Kern dieser volkstümlichen Theorie?

Auf den einfachsten Nenner gebracht, könnte man sie so definieren: „Ich bin *liebenswert*, darum soll ich mich lieben." So einfach dies klingt, ist diese Definition doch wichtig, denn genau darin besteht das Wesen der Ich-Theorie, wie sie in ihrer populärsten säkularen Form und in beinahe allen evangelikalen Formulierungen zum Ausdruck kommt. Sie enthält samenkornartig alle bedeutenden Begriffe, die das Fundament der modernen Ich-Theorie bilden. Mindestens fünf einzelne Prinzipien gehören unbedingt zu diesem Lehrgebäude und sollen untersucht werden.

Die ersten drei fallen unter die Feststellung: „Ich bin liebenswert." Diese Behauptung führt zur Frage: Wer ist *ich*? Wer darf das behaupten? Trifft das auf eine Elitegruppe von Menschen zu, die auf einer gewissen geistlichen Stufe leben bzw. der Gesellschaft einen besonderen Dienst erwiesen haben?

Bedingungslose Liebe

Die Antwort heißt: „Im Gegenteil!" Das Ich bezieht sich auf alle Menschen aller Zeiten, gleich, wie sie leben oder was sie tun. Liebenswertheit wird nicht beeinflußt durch das, was wir sind oder was wir tun, ob recht oder unrecht. Die berühmte Devise ist *bedingungslose* Liebe oder Annahme. Der einzelne ist bedingungslos liebenswert und sollte daher bedingslos geliebt, respektiert, akzeptiert, geschätzt bzw. wertgeachtet (alles sinnverwandte Ausdrücke für wesentlich dasselbe) werden. Dieses Prinzip der bedingungslosen Annahme ist das grundlegende, fundamentale Prinzip der Ich-Theorie. Wenn es nicht so wäre, d.h. wenn die Selbstliebe auf der Leistung basierte, dann müßten wir eventuell einem einzelnen sagen: „Ich weiß nicht, ob du dich wirklich lieben sollst. Ich hätte auch ein schlechtes Bild von mir, wenn ich so leben würde, wie du. Du solltest bekennen, umkehren, gutmachen, was du anderen angetan hast, dann hast du vielleicht Grund, dich zu lieben."

Eine solche Sprache ist der modernen Ich-Theorie natürlich fremd, sowohl der säkularen wie der evangelikalen. Genau das würde der Therapeut dem Klienten *nicht* sagen. Er würde eher versuchen, ihm zu beweisen, daß er liebenswert ist, d.h., bedingungslos akzeptabel. Hier handelt es sich nicht darum, einen Menschen so anzunehmen, wie er ist, wenn er in seiner Reue, seinem Schmerz über seine Vergangenheit und mit dem Wunsch nach Veränderung kommt, wenn er Hilfe sucht, um eine solche Veränderung zu verwirklichen. Hier geht es um die Annahme des Menschen, der eigensinnig ohne Reue in seiner Sünde beharrt. Solches bedeutet bedingungslos lieben.

Aufgrund des Menschseins

In gewisser Weise ist der Begriff der *bedingungslosen Liebe* sinnlos, da es eine Grundlage für die Liebe geben muß. Und es gibt tatsächlich eine solche Grundlage in der Ich-Theorie, von der sowohl die säkularen wie auch die evangelikalen Autoren ausgehen; diese Grundlage besteht im Menschsein. Ein Mensch ist schon deshalb liebenswert, weil er Mensch *ist*, eine Person. Das ist das zweite Grundprinzip der modernen Ich-Theorie.

Dieses Prinzip ist aus einer logischen Perspektive gesehen die absolut sicherste Grundlage für bedingungslose Annahme, die es gibt. Gäbe es noch irgend ein anderes Erfordernis, könnte ich diesem vielleicht nicht entsprechen, gleich wie liberal die Kriterien gehandhabt würden. Aber mit diesem ist man absolut sicher. Ich muß überhaupt nichts *tun*; ich muß nur *sein*. Es genügt, einfach zu *sein*; das qualifiziert jeden zu jeder Zeit. Sein ist etwas, was ich nicht zustande gebracht habe. Ich hatte nichts damit zu tun. Es ist mir zugekommen ohne meine aktive Mithilfe. Wenn wir also von bedingungsloser Liebe sprechen, ist damit Liebe auf der Basis des Seins statt des Tuns gemeint. Eine Konsequenz dieser Theorie ist die Würde, die sie dem menschlichen Wesen zuschreibt. Ich bin liebenswert, weil ich Mensch bin; daher muß wohl das Menschsein an sich, ungeachtet dessen, was ich damit tue, irgendwie wertvoll oder verdienstvoll sein. Mein Anspruch auf Respekt und Wertschätzung rührt allein daraus.

Unberührt von Leistung

Ein drittes Prinzip der modernen Ich-Theorie, das ebenfalls mit der bedingungslosen Liebe einhergeht, besteht darin, daß unsere Leistung keinen Einfluß auf unsere Liebenswertheit hat. Es spielt keine Rolle, wie schlecht wir gelaunt sind oder wie übel wir uns benehmen, diese Äußerungen können unserer fundamentalen Anerkennung nicht schaden.

Im Zusammenhang mit diesem dritten Prinzip wird oft etwas übersehen. Die Selbstliebe-Vertreter erachten Leistung meistens als etwas negatives und freuen sich darüber, daß wir trotz unserer Verstocktheit immer noch der Liebe wert sind. Doch diese Denkweise hat zur Folge, daß das Gute, das die Leute tun, keinen positiven Einfluß auf ihre Liebenswertheit hat. Zum Beispiel: Ein Ehepartner mag arbeiten und sich aufopfern und sich stets bemühen, ein so guter Partner wie möglich zu sein. Aber nach dem Ohne-Leistung-Prinzip ist ein solcher Mensch für nicht liebenswerter (oder wertgeschätzter oder respektabler) zu erachten, als einer, der in der Ehe untreu ist, seine Kinder vernachlässigt, oder sonstige Dinge in dieser Richtung tut. Eine Weltanschauung ohne Beachtung von Leistung ist völlig blutleer. Wenn nichts, was ich tue, einen Unterschied darin macht, wie du zu mir stehst, warum sollte ich mich anstrengen? Wozu sich überhaupt mühen?

Selbstliebe als Resultat

Wie die beiden oben erwähnten Prinzipien zusammen ein Paar bilden, eines positiv, das andere negativ, so ist es auch mit den Lehrsätzen 4 und 5. Wir müssen mit der Wiederholung der Kernbehauptung der Ich-Theorie beginnen: Ich bin liebenswert, darum soll ich mich lieben. Wir haben uns primär mit der ersten Hälfte dieses Satzes auseinandergesetzt. Nun kommen wir zur Erwägung der Gesamtaussage.

Meine Liebenswertheit verpflichtet mich geradezu zur Selbstliebe. Das ist eine notwendige Pflicht, um ein glückliches und produktives Leben führen zu können, eine Voraussetzung für gute zwischenmenschliche Beziehungen und für meinen Beitrag an die Gesellschaft. Hier zu versagen, heißt nicht nur, mir selbst zu schaden, sondern auch andere zu berauben. Wenn das Fehlen ordnungsgemäßer Selbstliebe mich daran hindert, als Mensch so zu werden, wie es mir bestimmt ist, bin ich unfähig, meinen vollen Beitrag an meine Umwelt zu leisten.

Diese Art von Logik könnte leicht zu einer überraschenden Schlußfolgerung führen: mich nicht zu lieben, wäre in Wirklichkeit eine Art Selbstsucht, weil ich in diesem Fall andere der Vorteile meiner persönlichen Entwicklung beraube!

Die selbstsüchtige Eigenliebe

Tatsächlich ist diese Schlußfolgerung der Kern unseres letzten Prinzips: Selbstliebe ist nicht Selbstsucht. Wenn ich anderen dadurch auf beste Art dienen kann, daß ich mich selbst liebe, dann ist die Eigenliebe etwas sehr Selbstloses. Mit dieser Behauptung wird auch gleichzeitig gesagt, daß Selbstliebe kein Stolz ist. Der Theorie gemäß trifft dies vor allem deshalb zu, weil wir ja liebenswert sind; darum bezieht sich die Selbstliebe einfach nur auf die Erkenntnis dessen, was wir sind. Zweitens wird uns gesagt, daß der stolze Mensch eigentlich echter Selbstliebe entbehrt und daß vordergründiger Stolz nur ein Vertuschen seiner Minderwertigkeits- und Unzulänglichkeitsgefühle sei. Dieser letzte Punkt sollte besonders die Evangelikalen interessieren, die die Selbstliebe traditionsgemäß als Selbstsucht und Stolz eingestuft haben. Die Vertreter der Eigenliebe versichern uns jedoch, daß dies nicht zutrifft. Manche gehen so weit zu behaupten, daß die Eigenliebe ein Ausdruck der Demut sei.

Wir haben festgestellt, daß die Theorie der Selbstliebe sich auf die scheinbar simple Feststellung stützt: „Ich bin liebenswert; darum soll ich mich lieben." Die Idee mag biblisch fundiert scheinen, aber keine Schriftstelle kann zur Unterstützung angeführt werden. Im Gegenteil! Wir werden einige Schlußfolgerungen erwägen, die sich aus der Tatsache ergeben, daß sich diese Theorie mit der Lehre des Existentialismus deckt, wie in Kapitel 2 ausgeführt. Diese beiden sind Teil desselben philosophischen Pauschalangebots. In der Tat kann man sagen, daß die Ich-Theorie nichts anderes ist, als der psychologische Ausdruck des Existentialismus. Letzterer behauptet, daß der Mensch Gott sei. Die Ich-Theorie schreibt dem Menschen die gottähnliche Eigenschaft zu, liebenswert an sich zu sein. Gleicherweise vertritt der Existentialismus das Recht des einzelnen, zu tun, was ihm gefällt. Die Ich-Theorie räumt ihm überdies das Recht ein, dabei geliebt zu werden. Diese enge Verknüpfung zwischen Existentialismus und der Theorie der Selbstliebe wird von Paul Vitz in seinem empfehlenswerten Band hervorragend dargestellt (siehe Kapitel 2).

Es wird deutlich, daß die Ich-Theorie auch in ihrer evangelikalen Formulierung ihren ersten Impuls nicht aus der Bibel erhielt. Beinahe zweitausend Jahre lang wurde die Schrift von Theologen studiert, ohne daß einer die Doktrin der Selbstliebe entdeckt hätte, wie wir sie heute haben. Etwa zehn Jahre nach ihrer Einführung in die Psychologie aber ist sie auch unter uns aufgetaucht. Es ist kein Zufall, daß es so viele Parallelen zwischen den profanen und den christlichen Theorien gibt. Oft führen evangelikale Autoren selbst die Lehren von Carl Rogers oder von einem anderen Psychologen an, die ihnen als Sprungbrett für ihre eigenen Überlegungen gedient haben. Leider geben sie nicht immer Auskunft darüber, in welchem Umfang sie diese Quellen herangezogen haben.

Es ist wichtig, daß wir diese säkulare Quelle untersuchen, damit wir den Ursprung der Theorie erklären können, da eine ausdrücklich biblische Untermauerung nicht vorhanden ist. Wir können dann ebenfalls verstehen, aus welchem Grunde die Evangelikalen die Idee so bereitwillig aufnahmen. Eine solche Studie hilft auch zu erkennen, wie sich diese Begriffe in der säkularen Welt entwickelt haben.
Wir wollen zunächst die Entwicklung dieser Begriffe in der säkularen Welt untersuchen, weil wir dann eher verstehen können, warum Evangelikale gewisse Prinzipien aufgegriffen und unterstrichen haben.

Kapitel 6:

Erich Fromms Theorie über das Ich

Wenn nun die profane Psychologie, und nicht die Bibel, die Quelle ist, aus der die grundlegenden Vorstellungen der Theorie über die Eigenliebe geschöpft wurden, stellt sich die Frage, wie sich diese Ideen im alltäglichen Leben entwickeln und wie sie gar in der Welt der Evangelikalen Fuß fassen konnten. Bisher haben wir Wortwendungen wie „säkulare Ich-Theorie" verwendet, um die im vorigen Kapitel erörterte theoretische Struktur zu beschreiben. Die Darstellung war freilich grob vereinfacht. Und obwohl die oben genannten Prinzipien den in der säkularen Ich-Theorie vorherrschenden Trend ebenso zum Ausdruck bringen, wie die fast einhellige Ansicht unter den Evangelikalen, so gibt es doch einige, die sich in verschiedenen Punkten von dieser Formel abgrenzen würden.

Die Theorie bei Horney

Man findet zum Beispiel einige Theoretiker, die nicht mit der Lehre, der Mensch sei ohne Einschränkung wert, geliebt zu werden, übereinstimmen. Karen Horney war eine der frühen Theoretiker, die über das Wesen des Menschen nachdachten. Sie kam zu dem Schluß, daß sich das Selbstbildnis einer normalen Durchschnittsperson auf einer realistischen Einschätzung der eigenen Fähigkeiten aufbaut, die Schwächen und Stärken gleichermaßen berücksichtigt. Horney war der Ansicht, daß eine Selbsteinschätzung ohne Bezug zur Realität charakteristisch für einen Neurotiker sei. Sie unterstrich die Abhängigkeit der völligen Persönlichkeits-Entfaltung von einem Selbstbildnis, das unser wahres Ich widerspiegelt.[1]

Das Konzept Maslows

Ein eher zeitgenössischer Jahrgang ist Abraham Maslow, dessen Wurzeln im Behaviorismus zu finden sind. Zweifellos erklärt dies zumindest teilweise seine Neigung, auf einer sorgfältig zusammengestellten Daten- und Informationsbasis zu arbeiten. Maslow wurde bekannt durch seine Aufstellung einer Hierarchie der Bedürfnisse. Es handelt sich dabei um eine Theorie zum Verständnis der verschiedensten Beweggründe für menschliches Handeln. Eine Motivation, die Maslow postuliert, ist das Bedürfnis nach Wertschätzung. Dazu sagt er: „Die beständigste und daher auch gesündeste Selbstwertschätzung gründet sich auf die verdiente Achtung anderer, und nicht auf äußerlichen Ruhm oder Berühmtheit und unbegründetes, übermäßiges Lob."[2] Wiederum liegt die Betonung auf der Realität als geeignete Grundlage der eigenen Selbstwertschätzung und des Selbstbildes. Unter den säkularen Autoren finden wir demnach keine einhellige Billigung der Idee, daß der Mensch uneingeschränkt wert sei, geliebt zu werden, und ihrer Schlußfolgerungen. Ein Mangel an Zustimmung ist besonders unter den frühen Autoren zu bemerken.

Der Einfluß von Fromm

Im Werk des Psychologen Erich Fromm kommt die Idee der bedingungslosen Liebe zur vollen Entfaltung. Der Auftrieb, den er dieser Lehre gab, war gewaltig, obwohl dies nicht immer völlig erkannt wurde. In unserem Überblick über Fromms Gedanken werden wir all jene Prinzipien wiederfinden, die bereits im 5. Kapitel aufgelistet wurden. Fromm ver-

---

1 Duane Schultz, *Theories of Personality* (Monterey, Calif.: Brooks/Cole, 1976), S. 79.
2 A.H. Maslow, *Motivation and Personality* (New York: Harper & Row, 1954), S. 91.

stand es, diese Ideen äußerst wirkungsvoll zu propagieren. Ein Teil seines Erfolges sollte zweifellos dem Umstand zugerechnet werden, daß er der philosophischen Hauptströmung seiner Zeit stets um eine Nasenlänge voraus war. Als der Existentialismus aufkam, erwiesen sich Fromms Ansichten derart in Einklang damit, daß sie sofort eingegliedert und verarbeitet wurden.

Einer, der in bezug auf theoretischer Grundlage tief aus dem Brunnen Fromms schöpfte, war Carl Rogers. Ob nun Rogers direkt bei Fromm entlehnte oder seine Ideen aus einem weiteren Umfeld bezog, so dienten sie jedenfalls als Ausgangspunkt seiner klient-bezogenen Therapie. Rogers nahm Fromms Gedankengebäude und zog daraus praktische Konsequenzen. Es war diese praktische Anwendung, die von den Evangelikalen aufgegriffen und in eine mehr oder weniger biblische Form gepreßt wurde.

Von weitreichender Bedeutung in Fromms Gedankenwelt ist die am Menschen orientierte Basis, auf der er aufbaut. Daß dies das Kernstück seiner Überzeugung darstellt, ist unverkennbar: „Der Mensch ist in der Tat das ‚Maß aller Dinge.‘ Die humanistische Grundüberzeugung ist die, daß es nichts Höheres und nichts Würdevolleres gibt, als die menschliche Existenz."[3]

In Fromms Augen stellt der Mensch nicht nur die höchste und erhabenste Existenz im Universum dar, sondern er ist auch von Natur aus gut und fähig zu lieben. Er nimmt deutlich Anstoß an der überlieferten Auffassung, daß der Mensch ohne Gott zutiefst selbstsüchtig ist. Fromm beharrt darauf, daß die Liebe zum Nächsten „kein Phänomen ist, das die menschliche Natur übersteigt, sie ist vielmehr dem Menschen innewohnend und strahlt von ihm aus."[4]

Offensichtlich ist nicht Gott der Ursprung der Liebe, sondern der Mensch selbst ist unabhängiger Erzeuger dieses Gebrauchsartikels.

Das Herzstück von Fromms Weltbild ist das Konzept der Liebe. Nach seiner Sicht der Dinge besteht sie aus vier Kom-

---

3 Erich Fromm, *Man For Himself* (New York: Holt, Rinehart, and Winston, 1947), S. 13.
4 Ibid., S. 14

ponenten: Fürsorge, Verantwortungsgefühl, Achtung vor dem anderen und Erkenntnis. Er definiert Fürsorge als „die tätige Sorge für das Leben und das Wachstum dessen, was wir lieben." Er versteht das Verantwortungsgefühl als „meine Antwort auf die ausgesprochenen und unausgesprochenen Bedürfnisse eines anderen menschlichen Wesens."[5] Diese zwei Definitionen sind einander sehr ähnlich. Der Schwerpunkt scheint auf dem Wollen und Handeln zu liegen und spiegeln die Art der Liebe wider, die wir in der Selbstliebe von William James und in unserer Studie über *agape* gesehen haben.

Das zweite Begriffspaar in Fromms Definition der Liebe, die Achtung vor dem anderen und die Erkenntnis, weisen in eine andere Richtung. Die Achtung vor dem anderen „bezeichnet die Fähigkeit, jemanden so zu sehen, wie er ist, und seine einzigartige Individualität wahrzunehmen. Achtung bezieht sich darauf, daß man ein echtes Interesse daran hat, daß der andere wachsen und sich entfalten kann.... Wenn ich den anderen wirklich liebe, fühle ich mich eins mit ihm, aber so, *wie er wirklich ist,* und nicht, wie ich ihn als Objekt zu meinem Gebrauch benötige."[6] Problematisch ist an dieser Definition die Wendung „wie er wirklich ist." Wir sind aufgefordert, die andere Person so zu achten, wie wir sie vorfinden, und weder nach Veränderung zu fragen noch sie zu wünschen. Wir sollen den anderen vielmehr so belassen, wie er ist, und als solchen respektieren. Den gleichen Nachdruck legt Fromm auf seine Definition der Erkenntnis. Er sagt: „Sie ist nur möglich, wenn ich mein eigenes Interesse transzendiere und den anderen so sehe, wie er wirklich ist."[7]

Die Wendung „wie er wirklich ist" in der letztgenannten Definition reflektiert die gleiche Grundeinstellung wie zuvor in der Definition der Achtung. Die Folgerungen, die sich aus den scheinbar so harmlosen Worten ergeben, sind bestürzend. Fromm gibt zu verstehen – oder vielmehr: er fordert –, daß wahre Liebe den anderen so annimmt, „wie er wirklich ist," entsprechend dem Prinzip, daß der Mensch bedingungs-

---

5 Erich Fromm, *The Art of Loving* (New York: Perennial Library, 1956), S. 22-23.
6 Ibid., S. 23-24.
7 Ibid., S. 24

los liebenswert sei. Das ist der Eckstein seiner Theorie über das Ich. Und nichts anderes erwartet man als Schlußfolgerung aus Fromms humanistischer Grundeinstellung, nämlich, daß „der Mensch das Maß aller Dinge ist." Ist der Mensch einmal zum Maßstab erhoben, kann es keine allgemeingültige Norm geben, denn niemand kann behaupten, auf dieser Basis eine letzte und endgültige Wahrheit zu finden. Jeder Mensch wird sich selbst zum Maßstab. Und unversehens finden wir uns im Dilemma des Existentialismus gefangen – völliger Relativismus.

Aber hat denn die andere Person überhaupt ein Recht darauf, bedingungslos geliebt zu werden? Fromm begegnet diesem Einwand mit einer interessanten Theorie: „Liebe zur Menschheit wird als eine Leistung angesehen, die bestenfalls der Liebe zum einzelnen hinterherfolgt oder die sich als ein abstraktes Konzept präsentiert, das erst in der Zukunft verwirklicht werden kann. Aber die Liebe zu den Menschen allgemein kann nicht von der Liebe zum einzelnen getrennt werden. Wenn ich einem Menschen eine Liebe entgegenbringe, die ihn fördert und unterstützt, so bin ich mit dem Kern seines Menschseins in Verbindung getreten, das heißt, mit ihm als Repräsentanten der gesamten Menschheit."[8]

Nach Fromm ist wahre Liebe nicht oberflächlich; sie bezieht sich nicht auf eine nur allgemeine, nicht spezifische Masse, genannt Menschheit. Wenn Liebe wirklich aufrichtig ist, muß sie vielmehr die einzelne Person im innersten Wesen ihres Menschseins umfassen. Fromm glaubt, daß das ganze Menschengeschlecht durch diesen einen gemeinsamen Kern im Wesen miteinander verbunden ist; deshalb lieben wir dann auch alle Menschen, wenn wir eine Person auf diese unverfälschte Art und Weise lieben. Im Umkehrschluß bedeutet das, daß wir niemanden wahrhaftig lieben, wenn wir auch nur eine Person ausschließen und ihr unsere Liebe versagen. So finden wir hier nun auch das zweite Prinzip der Ich-Theorie deutlich verankert: das Fundament bedingungsloser Liebe ist unser Menschsein. Für Fromm

---

8 Fromm, *Man*, S. 101.

bedeutet Mensch sein gleich liebenswert sein. Wenn ich einen menschlichen Kern in mir habe, habe ich ein Recht darauf, geliebt zu werden.

Hier finden wir auch einen Rückhalt für das dritte Prinzip, daß nämlich die Annahme einer Person sich nicht auf der Basis ihres Verhaltens vollzieht. Fromms Theorie verteidigt vehement diese Idee. Er folgert sogar, daß ein anderer Grund zu lieben, außer dem des gemeinsamen Menschseins, überflüssig ist. Sobald es darum geht, wahrhaftig zu lieben, darf ich nur das Menschsein der anderen Person vor Augen haben. Ihm allein muß mein ganzes Bemühen gelten.

Nach Fromms Ansicht ist Selbstliebe geradezu eine Notwendigkeit. Wenn wir nämlich alle an diesem menschlichen Innersten teilhaben, dann muß die vollkommene Liebe die Eigenliebe mit einschließen. Da wahre Liebe niemand ausschließen kann, kann sie auch den Liebenden selbst nicht ausschließen. Auch dies unterstützt die Idee, daß Eigenliebe nicht gleichbedeutend mit Selbstsucht und Stolz ist, da ja ein Mangel an Selbstliebe in Wirklichkeit ein Mangel an Liebe gegenüber der gesamten Menschheit darstellt. Daraus folgt: ein Mangel an Eigenliebe ist in Wahrheit Selbstsucht. Darüber hinaus liebe ich andere, wenn ich mich selbst liebe, da ja die Eigenliebe untrennbar mit der Liebe zur Menschheit verbunden ist. So also begründet Fromm die beiden letzten Prinzipien der Theorie vom Ich aus Kapitel 5, nämlich daß unsere Liebenswertheit notwendigerweise nach der Eigenliebe verlangt, und daß solche Eigenliebe weder Selbstsucht noch Stolz ist.

Selbstverständlich ist Fromm sich bewußt, daß die Eigenliebe traditionsgemäß als Selbstsucht deklariert wurde. Er erklärt: „Man nimmt an, in dem Maß, wie man sich selbst liebe, liebe man andere nicht, und Selbstliebe sei deshalb das gleiche wie Selbstsucht. Diese Auffassung reicht im westlichen Denken weit zurück. Calvin spricht von der Selbstliebe als einer „Pestilenz." Eine Neigung zu dieser Sicht findet Fromm nicht nur im Christentum, sondern auch in der Freudianischen Psychologie. Er argumentiert dagegen: „Wenn es eine Tugend ist, meinen Nächsten als ein menschliches Wesen zu lieben, dann muß es doch auch eine Tugend - und kein Laster -

sein, wenn ich mich selbst liebe, da ja auch ich ein menschliches Wesen bin."[9]

Während Fromm den Begriff der Eigenliebe entwickelte, vollzog er eine bedeutsame Wende in seiner Definition der Liebe, die enorme Auswirkung auf die Zukunft der Ich-Theorie haben sollte. Wir erinnern uns, daß Fromm in seiner Definition der Liebe die Begriffe „Fürsorge" und „Verantwortlichkeit" so erklärte, daß deren Essenz Wollen und Handeln waren. Sobald er sich jedoch der Eigenliebe zuwandte, benutzte er Wendungen wie „sich selbst gern haben."[10] Die Eigenliebe erfuhr eine emotionale Umdeutung. Fromm sprach nicht von Fürsorge und Verantwortlichkeit für sich selbst; es war nicht länger die *agape* Liebe oder die Selbstliebe in der Beschreibung von William James. Vielmehr kamen die *philia* Liebe und die „Gefühle über sich selbst" von James ins Blickfeld. In der Entfernung Fromms von seiner eigenen Definition der Liebe zeigt sich die Ungereimtheit seines Denksystems.

So stellt sich nun die Philosophie der Selbstliebe dar, wie Carl Rogers sie übernahm. Seinen Einfluß werden wir als nächstes betrachten. Fromm trug viel zur Glaubwürdigkeit aller grundlegenden Prinzipien der Ich-Theorie bei und wurde dadurch zum Hauptverteidiger ihres Kerngrundsatzes: „Ich bin liebenswert, daher soll ich mich selbst lieben."

Weil Fromm den reinen Humanismus zum Fundament macht, stehen seine Ansichten auf schwankendem Boden. Die Fehler, die ihm bereits zu Beginn seiner Überlegungen unterliefen, finden sich wieder in seinen spezifischen Richtlinien. Darin liegt aber nicht das einzige Problem seiner Aussagen. Fromm war offenstlich sehr voreingenommen und subjektiv, als er seine Theorie entwickelte. Duane Schultz trifft den Nagel auf den Kopf, wenn er sagt: „Man findet in seinen (Fromms) Schriften keinen einzigen nachprüfbaren Tatbestand, auf den er seine Theorien gegründet hätte."[11] Er verkündete von einem Gesichtspunkt rein humanistischer Überlegungen aus großartige Theorien über den Menschen, ohne

---

9 Fromm, *Art*, S. 48-49.
10 Ibid., S. 51.
11 Schultz, S. 100.

Daten und Fakten, mit denen er seine Theorien gerechtfertigt hätte. Wir möchten fragen: „Warum fand er so großes Gehör?" Vielleicht, weil er ein Mann war, der den Pulsschlag seiner Zeit fühlte. Er sagte den Menschen, was sie nur zu gern hören und glauben wollten.

Kapitel 7:

Die Ich-Theorie bei Carl Rogers

In ihren *Theories of Personality* stellen Hall und Lindzey fest, daß die bestentwickelte Darstellung der Ich-Theorie bei Carl Rogers zu finden ist.[1] Im letzten Kapitel sahen wir, daß viele wesentliche Prinzipien dieser Theorie auf Erich Fromm zurückgehen. Als nächstes wollen wir erfahren, wie diese Richtlinien praktisch umgesetzt werden. Fromm hat formuliert, spekuliert und theoretisiert; Rogers praktiziert. Er nahm das von Fromm zur Verfügung gestellte Rohmaterial und formte daraus ein Werkzeug, das im Umgang mit Menschen angewandt werden kann. Was Carl Rogers zuwege gebracht hat, ist aber noch viel revolutionärer als dies. Er hat nämlich ein Werkzeug entwickelt, das der Mensch *an sich selbst* benutzen kann.

Die Selbsthilfe-Bewegung

In den letzten Jahren wurden wir Zeuge einer neuen Richtung in der Psychologie – der Selbsthilfebewegung. In den Jahren zuvor, war Psychologie zum größten Teil ein Fachgebiet, dem Fachmann vorbehalten. Der Laie verharrte in ehrfürchtiger Scheu, wenn der Psychologe oder der Psychiater seine Wunder vollbrachte.

Das gilt nun nicht länger. Heute mischt jeder mit; die

---

[1] Calvin S. Hall and Gardner Lindzey, *Theories of Personality* (New York: John Wiley & Sons, 1970), S. 517.

Selbsthilfebewegung hat das Land überrollt. Fast jeder Buchladen hat ein breites Angebot mit diesbezüglicher Literatur. Die therapeutische Methode von Carl Rogers eignet sich ausgezeichnet für diesen Do-it-yourself-Zweig der Psychologie. Wie wir noch sehen werden, haben die Evangelikalen hauptsächlich die Formulierung von Rogers übernommen. Er machte aus der Ich-Theorie ein brauchbares Werkzeug. Wie sieht dieses Werkzeug aus? Den besten Einstieg in eine Auseinandersetzung mit Rogers bietet zunächst ein Überblick über sein Lehrgebäude. Danach soll gezeigt werden, wie sich die Prinzipien in diesem System in der Praxis auswirken.

Der Beitrag von Rogers

Rogers glaubt, daß jedem einzelnen ein „Selbstverwirklichungs"-Drang zu eigen ist, eine Art angeborener innerer Wegweiser, der uns so führt, daß wir intuitiv den Weg gehen, der zur Selbstverwirklichung oder Erfüllung führt. Daher ist sich jeder selbst der beste Führer. Ich weiß, was für mich am besten ist. Mein zuverlässigster Führer ist mein Selbstverwirklichungsdrang; auch wenn einer die Weisheit aller Zeitalter besäße, könnte er dieses Leitsystem nicht übertreffen. Das ist auch der Grund für Rogers' ungelenkte Beratungsmethode. Ungelenkt bedeutet, daß der Therapeut dem Klienten nicht sagt: „Sie sollten dies tun und jenes lassen." Statt dessen leistet er ihm lediglich Hilfestellung aufgrund ihrer zwischenmenschlichen Beziehung.

Das Geheimnis der Selbsterfüllung liegt darin, sich von seinem Verwirklichungsdrang leiten zu lassen. Hier nun beginnt das Problem. Dieses innere Leitsystem kann zerrüttet sein. Die Zerrüttung kann mit dem Bedürfnis nach Angenommensein beginnen, das wir uns von unseren Bezugspersonen ersehnen. (*Bezugs*personen sind insbesondere die Eltern, aber auch Lehrer oder Freunde oder eben einer, zu dem eine enge Beziehung besteht). Der kritische Punkt ist, wie die Bezugsperson dieses Angenommenwerden vollzieht. Sie kann das bedingt oder bedingungslos tun. Sie könnte sagen: „Ich will dich annehmen, wenn du dich so oder so verhältst." Das ist bedingte Annahme. Bedingungslose Annahme dagegen bedeutet, wie wir bereits gesehen haben, den anderen so anzunehmen, *wie er ist,* ohne ihm notwendige Änderungen aufzuerlegen. Sie setzt voraus, daß mir die Bezugsperson mit positiver Einstellung entgegenkommt. „Gewöhnlich," erklärt Rogers, „wird die positive Einstellung so definiert, daß sie Herzlichkeit, Sympathie, Achtung, Mitgefühl und Angenommenwerden meint."[2] In Rogers' Augen ist jeder einzelne einer Rakete zu vergleichen, die mit einem internen Flugleitsystem ausgestattet ist, das die Rakete ans Ziel bringen soll. Dieses System ist für seinen Zweck perfekt konstruiert, aber aus einem unbekannten Grund wurde außerdem die Möglichkeit eingebaut, das interne System außer Kraft zu setzen und durch eine Bodenkontrolle zu ersetzen. Das Bodenpersonal hat natürlich nicht die Fähigkeit, das Ziel zu treffen, wie es das interne Leitsystem hat. Trotzdem wird es das interne System außer kraft setzen und die Rakete zu steuern versuchen, sobald ihm scheint, daß die Rakete nicht richtig läuft. Das Ergebnis ist katastrophal. Die Rakete ist nun weit ab vom Kurs und steuert in die falsche Richtung. Das ist der Augenblick, in dem der Therapeut in Erscheinung tritt.

So wie bei der Rakete, beginnt das Problem für den Menschen, wenn seine Bezugspersonen ihn nur bedingt annehmen. Er kann sich in der Folge selbst nur noch annehmen, wenn er diese Bedingungen erfüllt. Also befolgt er nun nicht länger die Weisungen, die sein Selbstverwirklichungsdrang (sein internes Leitsystem) ihm gibt, sondern er beginnt, sich nach den Bedingungen zu richten, die andere stellen. Wie wird der Therapeut in dieser Situation Abhilfe schaffen?

Rogers Lösung besteht darin, daß der Therapeut eine enge Beziehung zu seinem Klienten aufbaut, um so für ihn zur Bezugsperson zu werden. Dann vermittelt er dem Klienten, daß er ihn bedingungslos akzeptiert. Da nun der Klient bedingungsloses Angenommensein durch eine Bezugsperson erfährt, kann er *sich selbst* bedingungslos akzeptieren. Im Er-

---

2 C.R. Rogers, „A Theory of Therapy, Personality, and Interpersonal Relationship as Developed in the Client-Centered Framwork," in *Psychology: A Study of a Science*, ed. S. Koch (New York: McGraw-Hill, 1959), Bd. 3, *Formulations of the Person and the Social Context*, S. 208.

gebnis wird er frei von den Beeinflussungen eines bedingten Angenommenseins und kann sich wieder von seinem vollkommen konstruierten, internen Leitsystem, seinem Selbstverwirklichungsdrang, leiten lassen.

Bemerkenswert ist hier, daß Rogers die Prinzipien der Ich-Theorie in seiner Methode nicht entwickelt, sondern als wahr voraussetzt und mit ihnen arbeitet.

Ausgehend vom Selbstverwirklichungsdrang, legt Rogers den gleichen Humanismus, Relativismus und die existentialistischen Tendenzen an den Tag, wie zuvor Fromm, nur stärker entwickelt. Das Herzstück seiner Theorie ist die Aussage, daß ich am besten weiß, was für *mich* gut ist; keiner kann es sonst wissen, und darum sollte niemand versuchen, mich zu belehren oder zu beeinflussen. Der andere soll mich lediglich respektieren und unterstützen. Diese Ethik ist fixiert auf den einzelnen, mit starker Betonung auf unbedingter Liebenswertheit, dem ersten Prinzip der Ich-Theorie (siehe Kapitel 3).

Bei Rogers ist ebenfalls Liebenswertheit aufgrund des Menschseins vorausgesetzt und damit der Folgesatz, daß jede Art von Leistungsnorm ausgeschlossen ist. Im säkularen Denken wurde dies als „gegeben" angesehen. Keinerlei Beweis war nötig, so daß wir hier das zweite und dritte Prinzip der Ich-Theorie mit eingeschlossen vorfinden.

Aber Rogers setzte die unbedingte Liebenswertheit des Menschen nicht nur voraus. Seine Theorie machte geltend, daß dies dem einzelnen beständig mitgeteilt werden muß. Dem anderen nicht mitzuteilen, daß er der Liebe wert ist, wie er ist, abgesehen von seiner Leistung, heißt, seinen Lebensstil verunstalten, sein persönliches Wachstum behindern und ihn davon abhalten, sich selbst zu verwirklichen. Hingegen bedingungslose Liebenswertheit zu demonstrieren, bedeutet eine Atmosphäre schaffen, in der alle guten Dinge Wurzel schlagen und wachsen können.

Auch das vierte und fünfte Prinzip der Ich-Theorie setzt Rogers voraus und unterstützt es entschieden. Er ist der Ansicht, daß bedingungslose Selbstliebe oder bedingungslose Selbstannahme der eigentliche Auslöser für den Selbstverwirklichungsdrang darstellt. Nicht nur darf ich mich selbst lieben, ich muß es, weil es notwendig ist zur Verwirklichung. Es versteht sich natürlich von selbst, daß die Eigenliebe nicht selbstsüchtig ist, sondern vielmehr der Weg zur persönlichen Erfüllung und mein Beitrag zur Gesellschaft – der Weg zu den anderen. Wenn ich erst zu einem selbstverwirklichten, ausgeglichenen, erfüllten Menschen geworden bin, dann kann ich auch ein rechter Nachbar, Freund, Ehemann, und produktiver Mensch sein.

Was außerdem Sorge bereitet, ist Rogers' Meinung, daß bedingungsloses Angenommensein zur Erfüllung führt. Das ist heute eine weitgehend akzeptierte Theorie, aber schon viele solcher Theorien haben sich als falsch erwiesen. Wir haben gesehen, daß die Theorie der Selbstliebe auf Spekulationen beruht. Außerdem ist die Beweisführung für den oben genannten Begriff alles andere als einleuchtend. Diese Mutmaßungen können keinesfalls für bare Münze genommen werden.

Zugegeben, die obige Analyse ist nicht erschöpfend, noch haben wir alle Möglichkeiten ausgeschöpft. Wir wollen nicht andeuten, daß dieses Gedankengut direkt von Fromm über Rogers in die evangelikale Welt geflossen ist. Das wäre eine grobe Vereinfachung. Fromm hat gewisse Ideen populär gemacht, die dann von anderen aufgegriffen, weiterentwickelt und verbreitet wurden. Carl Rogers ist nur einer von vielen Wortführern. Er scheint einer der prominentesten zu sein und, wie zu Anfang des Kapitels bereits bemerkt, die Formulierung seiner Ich-Theorie ist sehr umfassend. Indessen gibt es Hunderte von anderen Stimmen, die dieselben Ansichten teilen und dieselben Prinzipien befürworten. Dieser Prozess ist so weit gegangen, daß es scheint, als hätte dieses Gedankengut die Umwelt umgeformt nach ihrem Bild und Gleichnis. Was vor drei Jahrzehnten als Spekulation begonnen hat, wurde im Laufe der Entwicklung zur Theorie. Nun aber haben viele Leute diese Spekulationen als Wahrheit angenommen, nachdem sie sie so oft und von solch fähigen Wortführern gehört haben. Und eben diese „Wahrheit" haben die Evangelikalen sich zu eigen gemacht und in ihr eigenes Denken übernommen.

Kapitel 8:

Eigenliebe im Schrifttum der Evangelikalen

Vor einiger Zeit hielt ich auf einer Konferenz einen Vortrag. Unter den Zuhörern waren auch einige Pastoren. Eine Konferenzteilnehmerin war eine Frau Ende 20. Sie war offensichtlich über etwas beunruhigt und fragte bei einem der Pastoren um Rat nach. Später besprach dieser die Angelegenheit mit mir und kam zu dem Schluß: „Ihr eigentliches Problem ist, daß sie nie gelernt hat, sich selbst zu lieben."

Meine erste Reaktion war wie immer die gleiche, wenn ich einen Pastor oder christlichen Mitarbeiter diese Art von Schlußfolgerung ziehen höre. Wie kam er zu dieser Diagnose? Wo konnte er als Pastor dies in der Bibel finden? Warum ging er ihr Problem nicht biblisch an und sprach über Sünde, Gottes Vergebung und die Kraft des Heiligen Geistes, die den Sieg geben kann? Die Frau kam später zu mir und schon bald stellte sich heraus, daß sie ein offenkundiges Problem im Bereich der Sünde hatte. Warum hat sich der Pastor diesem nicht gestellt?

Als ich die Schlußfolgerung des Pastors analysierte, wurde deutlich, daß er dem weltlichen Prinzip des bedingungslosen Liebenswertseins folgte. Sie sollte lernen, sich zu lieben, wie sie war und danach würde sie ihr Problem in den Griff bekommen. Hier haben wir ein ziemlich deutliches Beispiel für die Lehren von Carl Rogers. Gleichwohl hatte mein Freund, der Pastor, sie nicht direkt bei Rogers entlehnt. Es ist sehr gut möglich, daß er von dem Mann nie gehört hatte, und falls doch, daß er dessen ungeachtet mit den Theorien von Rogers nicht im geringsten vertraut war. Mein Freund hat sehr wahrscheinlich nur das wiedergegeben, was er zuvor aus evangelikalen Quellen gehört und gelesen hatte. In diesem Kapitel werden wir sehen, wie die Evangelikalen die Vorstellungen der Ich-Theorie, wie sie in der profanen Psychologie entwickelt wurden, übernommen haben.

Eine erste Voraussetzung

Wir haben gesehen, daß bedingungslose Liebe, die sich allein auf unser *Sein,* unser Menschsein, gründet, den Eckstein in Fromms Gedankengebäude bildet. Wie bereits vermerkt, hat Rogers diese Grundideen übernommen und sie als Grundlage für seine eigenen Ideen benutzt. Dieselbe Idee finden wir nun ebenfalls als Eckstein in der evangelikalen Theorie vom Ich. Ein Autor faßt sein Buch mit der Feststellung zusammen, das Prinzip der bedingungslosen Liebe sei das Grundthema all dessen, was er darin geschrieben habe:

Nun können wir sehen, daß es zwei mögliche Richtungen gibt, zum Selbstwertgefühl zu kommen. Die eine Richtung sagt: „Ich kann mich selbst mögen, *wenn* andere mich mögen." „Ich kann mich selbst mögen, *wenn* ich meinen Zielen und Erwartungen an mich selbst gerecht werde." „Ich kann mich selbst mögen, wenn es mir gelingt, mich nicht schuldig oder verurteilt zu fühlen." Mit anderen Worten, wir können uns entscheiden, unsere Selbstliebe und Selbst-Annahme von unserem Verhalten und der Einschätzung der anderen abzuleiten. *Wir können uns für eine Basis des bedingten oder relativen Selbstverständnisses entscheiden.*

Falls wir uns nach unserem Verhalten beurteilen, wird die Hälfte der Leute zu Versagern abgestempelt. Sie können den gestellten Ansprüchen nie gerecht werden. Gott hat uns dieses System jedoch nicht zugewiesen. In Gottes System ist jeder zu Würde und Wert berechtigt. Wir haben ein Recht auf Selbstsicherheit und Kraft. Wir haben alle ein Recht darauf, uns sicher zu fühlen und dauerhaft geliebt zu werden.[1]

---

1 Bruce Narramore, *You're Someone Special* (Grand Rapids: Zondervan, 1978), S. 133-34.

Es ist wohl nicht unbillig festzustellen, daß die obige Aussage die Regel im heutigen evangelikalen Denken bezüglich bedingungsloser Annahme und der Selbstliebe, die sich daraus ergeben soll, darstellt. Der Autor sagt unmißverständlich, daß Würde und Wert, Selbstsicherheit und Kraft und ein Gefühl der Sicherheit und dauerhaften Liebe das Recht aller Menschen ist, oder zumindest aller Gläubigen, so wie sie sind. Der bedingungslose Aspekt wird noch deutlicher, wenn man dem weiteren Argumentationsfluß des Autors folgt.

Das Ebenbild Gottes

In der säkularen Ich-Theorie waren es zwei Bollwerke, die zur Unterstützung der Lehre vom unbedingten Liebenswertsein herangezogen wurden. Das eine bestand aus der Würde des Menschseins an sich, dem menschlichen Kern. Das andere bestand aus der Negation des Leistungsverhaltens. Im großen und ganzen folgen die evangelikalen Autoren dem gleichen Muster. In der Tat ruht fast das ganze Gewicht ihrer Theorie auf diesen beiden Prinzipien. Sie versuchen, dem ersten der beiden Pfeiler, der Würde des Menschseins, unter Berufung auf die theologische Wahrheit, daß der Mensch als Ebenbild Gottes geschaffen wurde, Glaubwürdigkeit zu verleihen. Narramore folgert daraus:
 Als Gott sagte: „Lasset uns den Menschen machen nach Unserem Bild" (1. Mose 1,26), schuf Er ein für allemal eine Grundlage für menschliche Würde, Wert und Bedeutung. Er besiegelte für immer, daß jeder Mensch auf Erden das Recht hat, sich als Geschöpf von Wert, Bedeutung und Wichtigkeit zu sehen. ... Ganz gleich, wie tief die Sünde unser Bildnis entstellt, eine Tatsache bleibt bestehen: wir sind Sein Ebenbild.[2]

Als Ebenbild Gottes erschaffen zu sein, liefert ausreichenden Grund für Würde und Wert des Menschen, ohne Berücksichtigung seines Verhaltens – es schafft eine Grundlage ohne Be-

---

2 Ibid., S. 38.

dingungen. Weder der Fall des Menschen noch seine Sünden danach haben diese Tatsache verändert. Als Menschen in Gottes Bild geschaffen, gibt uns unser Menschsein Würde und Wert und schafft eine Basis für Selbstliebe. Anthony Hoekema stimmt in diesem Punkt mit Narramore überein. Über die Auswirkungen des Falles stellt er die Frage:

> Bedeutet dies, daß der Mensch nun wertlos wurde? Nichts könnte weiter von der Wahrheit entfernt sein. Sogar nach dem Fall wurde der Mensch als Geschöpf von unendlichem Wert erachtet. Jesus sagte, daß ein Menschenleben mehr wert sei, als die ganze Welt (Matthäus 16,26). Die Schrift bestätigt ebenfalls, daß der gefallene Mensch immer noch das Bild Gottes in sich trägt (1. Mose 9,6; Jakobus 3,9).[3]

Viele evangelikale Autoren betonen ebenfalls, daß unsere Talente, Begabungen und Fähigkeiten zur Grundlage für bedingungslose Selbstliebe gehören. Wenn wir nach innen schauen, können wir diese lobenswerten Besitztümer sehen und uns dafür gratulieren. Wir können auf diese Begabungen und unsere Leistungsfähigkeit, die aus ihnen erwächst, vertrauen. In gewissem Sinn ist dies die natürliche Folgerung unserer mutmaßlichen Würde aufgrund unseres Geschaffenseins in Gottes Bild. Ein Aspekt dieser Schöpfung sind die menschlichen Fähigkeiten, die zu unserem Sein gehören. Diese Befähigungen steuern zu unserem Selbstwertgefühl bei, da sie ja Teil unseres Seins sind.

Was ist aber mit unserem Leistungsverhalten? Wenn die Sünde nichts daran ändert, daß wir Gottes Ebenbild sind, spielt dann unser Verhalten überhaupt eine Rolle für unser Liebenswertsein? Ein prominentes Argument der evangelikalen Ich-Literatur besteht darin, daß wir bedingungslos liebenswert sein müssen, weil Gottes Liebe zu uns bedingungslos ist. Da unsere Leistung keine Wirkung auf Gottes Liebe hat, sollte sie auch unsere Liebe zu uns selbst nicht beeinflussen. Dieser Leitgedanke wird besonders nachhaltig in den Schriften von Maurice Wagner vertreten. Er schreibt:

---

3 Anthony A. Hoekema, *The Christian Looks at Himself* (Grand Rapids: Eerdmans, 1975), S. 21-22.

„Wahre Liebe ist von seiten des Liebenden freiwillig und bedingungslos. ... Im Kern unserer Persönlichkeit besteht das Bedürfnis, das Gefühl zu empfinden, liebenswert zu sein, ohne sich für diese Annahme qualifizieren zu müssen."[4] Deutlich reflektiert Wagners Verständnis der Persönlichkeit die Theorie von Rogers.

Auch in Wagners Verständnis der Eltern-Kind-Beziehung können wir den Einfluß von Rogers erkennen: „Bedingungslose Liebe ist anscheinend die einzig mögliche Haltung der Eltern, die ein Kind in die Lage versetzt, ein angemessenes Selbstverständnis zu entwickeln, denn wahre Liebe stellt keine Bedingungen und sie verändert sich auch nicht." Wagner meint, Gott stillt das Bedürfnis für bedingungslose Liebe, das die Eltern nur unvollkommen befriedigen können. „Gott liebt uns bedingungslos," versichert er uns, „denn Er ist Liebe."[5] Diese bedingungslose Liebe Gottes ist das Herzstück des Wagnerschen Verständnisses der Selbstliebe. Er vertritt auch keine alleinstehende Meinung; in diesem Punkt repräsentiert er vielmehr die evangelikalen Befürworter der Eigenliebe.

Rufen wir uns noch einmal die ganze Tragweite einer bedingungslosen, nicht auf Leistung beruhenden Liebe und Annahme ins Gedächtnis. Das bedeutet, daß nichts von dem, was wir tun, unsere Beziehung zu Gott irgendwie beeinflußt, einschließlich Seiner Einstellung und Seinem Handeln uns gegenüber. Wir wollen versuchen aufzuzeigen, daß eine solche Vorstellung vom biblischen Standpunkt aus bestenfalls schwer zu verteidigen ist.

Der vielleicht beste gemeinschaftliche Versuch, diese Aufgabe anzugehen, wurde von Bruce Narramore und Bill Counts in ihrem Buch *Freedom from Guilt* unternommen. Das Buch gibt vor allem zu verstehen, daß wir als Christen völlig frei von Schuld leben können, weil es Gott nicht auf unser Verhalten ankommt. Die Autoren gehen grundsätzlich davon aus, Gott *könne nicht* mit uns auf einer Leistungsbasis in Beziehung treten, sonst wäre keiner von uns imstande, das

---

4 Maurice E. Wagner, *The Sensation of Being Somebody* (Grand Rapids: Zondervan, 1975), S. 67.
5 Ibid., S. 134.

Ziel zu erreichen, und wir alle würden uns nur noch schuldig fühlen: „Ganz gleich, welche edle Tat wir vollbringen, sie ist doch mit einer gewissen Selbstsucht befleckt oder aus einem falschen Beweggrund entstanden, oder sie ist eben nie so vollkommen, wie sie sein sollte. Unsere stete Neigung, unseren eigenen Willen gegen Gottes Willen zu behaupten, verzerrt in gewisser Weise jeden Aspekt unseres Lebens."[6]

Was ist dann die Lösung? Da wir alle in gewisser Weise ständig in Sünde leben, wie leben wir da frei von Schuld? Die Antwort bei Narramore und Counts besteht in der Gnade. Narramore bemerkt dazu kurz und bündig in *You're Someone Special:*

> Viele von uns Christen fühlen sich beständig schuldig, trotz der Tatsache, daß Christus am Kreuz vor zweitausend Jahren die ganze Strafe für unsere Sünden bezahlt hat. . . . Als Jesus am Kreuz starb, bezahlte er die Strafe für unsere Sünden ein für allemal. Vielleicht haben wir das *Gefühl,* als ob wir für unsere Missetaten Strafe verdienen, aber es trifft nicht zu. Er hat für unsere vergangenen Sünden, unsere Sünden der Gegenwart, und sogar für die Sünden, die wir uns noch gar nicht ausgedacht haben, den vollen Preis bezahlt![7]

Demzufolge erklären Narramore und Counts: „Wenn Gott uns ansieht, sieht er uns 'in Christus'. Er sieht nicht unseren Schmutz. Er sieht uns vielmehr als so rein und klar wie Jesus Christus selbst."[8]

Einige offenstehende Fragen

Diese Schlußfolgerung löst verschiedene Fragen aus. Die erste ist, ob ich meine Sünden bekennen soll, da sie mir ja bereits vergeben sind. Narramore und Counts antworten, daß ein Bekennen nicht nötig ist soweit unser Verhältnis zu Gott

---

6 Bruce Narramore und Bill Counts, *Freedom from Guilt* (Irvine, Calif.: Harvest House, 1974), S. 48.
7 Narramore, *Special,* S. 149-50.
8 Narramore und Counts, S. 81.

betroffen ist, aber wir sollen es trotzdem tun, weil es unserem eigenen psychologischen Wohlbefinden dient, das heißt, es bewirkt eine gute Katharsis, es hilft uns, uns rein zu fühlen.[9] Dieses Verständnis des Schuldbekenntnisses ist ein Beispiel für die Zwiespältigkeit, die wir früher erwähnten. Anscheinend haben die Autoren das Bedürfnis, das Schuldbekenntnis als solches beizubehalten, während sie gleichzeitig zu verstehen scheinen, daß ein Schuldbekenntnis im üblichen Sinne die Prinzipien der bedingungslosen Annahme untergraben würde. Indem sie unser Verständnis vom Schuldbekenntnis dem ihren anpassen (es ist gut für unser psychisches Wohlbefinden), gelingt es ihnen, sowohl das Schuldbekenntnis als auch die bedingungslose Annahme hinüberzuretten.

Aber wie steht es mit dem Segen? Veranlaßt unsere Sünde Gott nicht dazu, uns seinen Segen vorzuenthalten? Narramore und Counts erwidern: „Unter dem Schirm der Gnade segnet uns Gott bedingungslos, wodurch wir ermutigt werden, ihm zu gehorchen." Bedeutet dies, daß Gott uns gleichwohl segnet, ungeachtet unserer Sünde? Wie steht es mit der Züchtigung wegen der Sünde? Obwohl Narramore und Counts erkennen, daß Gott in der Tat seine Kinder züchtigt, machen sie geltend, daß es nur zu unserem Wachstum und nur in Liebe geschieht. Darum würden sie uns raten, auch wenn wir in der Sünde leben: „Wir sollen uns nie vor Gott fürchten." Wenn wir aber sündigen können, ohne den Segen zu verlieren, und wenn wir die Strafe nicht fürchten müssen, was hält uns dann davon ab, zu sündigen? Die Autoren erwidern: „Unter der Gnade werden wir zunächst angenommen, weil Christus für uns starb. Als Folge davon sind wir ganz natürlich bestrebt zu tun, was Gott will."[10] Deutlich erkennen wir hier Carl Rogers im evangelikalen Gewande. Die Vorstellung, daß wir automatisch recht leben, sobald wir bedingungslose Annahme erfahren haben, spiegelt deutlich Rogers' Selbstverwirklichungsdrang wider.

Und schließlich, was wird aus meinem Lohn? Werde ich nicht meinen himmlischen Lohn verlieren, wenn ich ein Le-

---

9 Ibid. S. 131-132.
10 Ibid., S. 96, 72, 95.

ben lebe, das von Sünde und Versagen schwer belastet ist? Hier scheinen die Vorstellung der bedingungslosen Annahme und die Theologie frontal zusammenzustoßen. Da Narramore und Counts schlecht leugnen können, daß ein Leben im Ungehorsam Auswirkungen auf den Lohn hat, versuchen sie zu retten, was zu retten ist, indem sie uns daran erinnern, daß ein Verlust der Belohnung nicht als Bestrafung betrachtet werden sollte.[11]

Es sollte beachtet werden, daß die Autoren enorme Anstrengungen zur biblischen Untermauerung ihrer Lehre unternehmen, nach der sich die Beziehung des Gläubigen mit Gott auf einer bedingungslosen Basis vollzieht. Trotzdem müssen wir feststellen, daß die drei ersten Prinzipien der säkularen Ich-Theorie (bedingungsloses Liebenswertsein, das Menschsein als Basis für das Liebenswertsein, und Liebenswertsein unabhängig von Leistungsverhalten) ebenfalls wesentliche Bestandteile der evangelikalen Formulierung sind.

Damit kommen wir zum letzten Prinzipien-Paar, der Vorstellung, daß ich lieben soll, weil ich liebenswert bin, und daß solche Selbstliebe keine Selbstsucht ist. Das erstere ist bei den evangelikalen Ich-Theoretikern gewöhnlich eine Grundvoraussetzung. Kaum ein Versuch wird unternommen, um das Prinzip zu erhärten, daß Liebenswertsein notwendigerweise zur Selbstliebe führen muß. Die Liebe zum Ich muß nämlich dem Liebenswertsein *gar nicht* folgen. Zu sagen, daß wir als Gottes Ebenbild erschaffen wurden und daher wertvoll sind, und daß Gott uns bedingungslos liebt, heißt nicht, daß ich mich aus diesem Grund selbst lieben soll bzw. muß. Viele Evangelikale sprechen von einem psychischen Bedürfnis nach Eigenliebe, aber nur wenige legen die theologische Begründung vor, die sie berechtigt, aus dem Satz „Ich bin liebenswert" zu folgern, „Ich soll mich lieben." Das Fehlen biblischer Lehre zu diesem Punkt sollte alle Bemühungen abhalten, diese Vorstellung zu unterstützen.

Das letzte Prinzip wird von evangelikalen Autoren oft zitiert und behandelt. Vieles von dem, was hier angeboten

11 Ibid., S. 74

wird, sind bloße Behauptungen, ohne einen Versuch, die Sache exegetisch zu belegen. Andere wärmen einfach die Argumente der profanen Psychologie auf. Trobisch überlegt zum Beispiel: „Wir können nicht geben, was wir nicht haben. Nur, wenn wir uns selbst akzeptiert haben, können wir wirklich selbst-los und frei von uns selbst werden."[12]

Wenn wir uns der evangelikalen Lehre zuwenden, ist es aufschlußreich, darauf zu achten, wie die Methode von Carl Rogers dem theologischen Rahmen angepaßt wurde. Er sagt, daß wir so gemacht sind, daß wir nicht voll funktionsfähig sind, solange wir nur bedingte Annahme von „Bezugspersonen" erfahren. Diese bedingte Annahme bewirkt, daß wir uns selbst ebenfalls bedingt lieben und daß wir uns abmühen, Bedingungen zu erfüllen, statt zu sein, wie wir sind. Rogers' Lösung ist der Therapeut, der zur Bezugsperson wird und uns bedingungslos liebt. So hilft er uns, uns selbst bedingungslos zu lieben, und dann sind wir frei, zu sein wie wir sind, frei zu wachsen und uns zu entwickeln, produktiv zu sein.

Es scheint, daß viele evangelikale Psychologen, die vielleicht mit dem System von Rogers gar nicht vertraut waren, bewußt oder unbewußt den Schluß gezogen haben, daß die Bibel dies lehrt. Hier auf Erden bekommen wir nur bedingte Liebe. Darum sind wir nicht voll funktionsfähig. Aber Gott ist der perfekte Therapeut; wenn wir errettet werden, wird er zu unserer Bezugsperson und versorgt uns mit bedingungsloser Annahme, wie es der Therapeut tut. Sobald wir erkennen, daß wir bedingungslos angenommen sind, können wir uns selbst bedingungslos lieben. So werden wir frei von den Bedingungen, die uns versklavt haben, und sind frei, so zu sein, wie Gott sich das vorgestellt hat. Ich habe zwar noch nie von einem Evangelikalen gelesen, der die Sache so formuliert hätte, aber eine Analyse ihrer Schriften zeigt, daß viele ihr Gedankengebäude auf dieser Vorstellung aufbauen, und daß die meisten in diese Richtung drängen.

Zweifellos war es ein aufregendes Unterfangen für die Beteiligten, die beiden Welten miteinander zu verbinden. Wenn die Theorien von Rogers und anderen stimmen, hat es den

---

12 Walter Trobisch, *Love Yourself* (Downers Grove: Inter-Varsity, 1976), S. 15.

Anschein, daß Gottes bedingungslose Liebe die Antwort auf die psychischen Probleme des Menschen ist. Die zu erwartenden Auswirkungen sind gewaltig. Evangelikale haben auf diese Weise einen Zugang zur Persönlichkeit und eine Therapie, die im Einklang mit einer bedeutenden, weitverbreiteten Theorie steht. Die profane Psychologie und die evangelikale Theologie sind versöhnt. Diese Wahrheiten sind nebeneinander aufgestellt worden, und wir haben entdeckt, daß sie sich nahtlos aneinanderfügen.

Aber dann trifft uns die Wirklichkeit. Wir müssen uns fragen: „Können wir Carl Rogers' Ideen für bare Münze nehmen? Stehen seine Lehren wirklich als bedeutende Wahrheit einer allgemeingültigen Offenbarung da, oder sind sie nur eine flüchtige Theorie?" In bezug auf Rogers haben wir bereits festgestellt, daß es gute Gründe zur Sorge, Zurückhaltung und Bedenken gibt. Wie dem auch sei, die Verbindung des Rogerianischen Systems mit der evangelikalen Theorie schwebt immer noch im Zauber der Flitterwochen. Ob seine Prinzipien tatsächlich zur evangelikalen Theologie passen, wird eine Analyse zeigen, die sicher sorgfältiger ausfällt, nachdem der erste leidenschaftliche Sturm der neuen Entdeckung sich etwas gelegt hat. Wir sind gewiß, daß sich die scheinbar perfekte Übereinstimmung auf makroskopischer Ebene bei näherem Hinsehen auf mikroskopischer Ebene als das genaue Gegenteil entpuppt.

Kapitel 9:

Untersuchung zweier Kernprobleme

Das geologische Phänomen der Wasserscheide fällt nicht sofort ins Auge. Die meisten Leute überqueren diesen Punkt, ohne sich dessen bewußt zu sein. Der Höhenzug der Rocky Mountains kennzeichnet die Trennungslinie zwischen dem Wasser, das zum Atlantik, und dem Wasser, das zum Pazifik fließt. Obwohl die Wasserscheide physisch nicht viel aufzuweisen hat, das unser Augenmerk auf sie richtet, beflügelt sie doch unsere Phantasie. Sich vorzustellen (zumindest theoretisch), daß ein Regentropfen, der ein paar Zentimeter östlich dieser Trennungslinie landet, seinen Weg zum Atlantik nimmt, während er auf dem Weg zum Pazifik wäre, wenn ihn der Wind nur ein paar Zentimeter westlich getrieben hätte, ist erstaunlich. Ein winziger Unterschied in der Landung der Regentropfen bedeutet einen weltweiten Unterschied in ihrer künftigen Flußrichtung und ihrem Bestimmungsort.

Auf die gleiche Weise wirken sich feine Unterscheidungen in unserem Denken aus; es handelt sich dabei nicht um unbedeutende Differenzen.

Die evangelikale Theologie ist in ihrem Wesen theozentrisch (Gott ist ihr Mittelpunkt). Ihr ganzes Lehrgebäude wird davon geprägt. Rogers' Psychologie ist aber in ihrem Kern anthropozentrisch (der Mensch ist ihr Mittelpunkt). Die Autoren einer Studie unter dem Titel *Integration of Psychology and Theology* sprechen von „Carl Rogers und ähnlichen humanistischen Theoretikern," womit sie zu verstehen geben, daß sein System den Menschen zum Mittelpunkt hat. Sie bemerken ferner, daß „manches in seinen Veröffentlichungen eine strikte Ablehnung der Vorstellung widerspiegelt, die Menschheit sei im Grunde sündig. Statt dessen konzentriert er sich auf die dem Menschen eigene Tendenz zum Wachstum und zur Verwirklichung."[1]

In diesen beiden Systemen (Gott-orientierter Theologie und humanistischer Psychologie) gibt es auch eine Art von Wasserscheide. Wenn eine Idee zu Beginn humanistisch ausgerichtet ist, wird sie in dieser Richtung weiterfließen, bis sie im Meer des Humanismus mündet; und umgekehrt, wenn wir mit einem Gott-orientierten Begriff beginnen, werden wir feststellen, daß er im Laufe der Entwicklung und Erweiterung im Meer Gottes zur Ruhe kommt. Es gilt hier nachzufragen, auf welcher Seite der Scheide die Denkweise der Evangelikalen Ich-Theoretiker zu Boden fällt. Da selbst winzige Differenzen letztlich so gewaltige Konsequenzen haben, müssen die allgemeinen Aussagen evangelikaler Schriftsteller sorgfältig geprüft werden. Wir wollen uns hier und in Kapitel 10 und 11 mit drei dieser Themen befassen.

Das Gottesbild

Beginnen wir mit der These, die wir in Kapitel 8 kurz behandelt haben: Die Würde des Menschen aufgrund seiner Schöpfung als Ebenbild Gottes. Dieses Argument setzt zweierlei voraus: Der Mensch ist an sich wertvoll, weil er als Ebenbild Gottes erschaffen wurde, und weil er wertvoll ist, sollte er sich lieben. Zur Erhärtung dieses Begriffs haben sich praktisch alle evangelikalen Autoren mit dem ersten Teil der Proposition auseinandergesetzt, aber der zweite Aspekt wurde allzu oft übergangen oder als selbstverständlich vorausgesetzt. Das bedeutet aber, daß hier viel zu viel vorausgesetzt wird. Selbst wenn wir uns damit einig erklären können, daß der Mensch wertvoll ist, weil er als Gottes Ebenbild erschaffen wurde, bleibt doch die Frage, ob ihm dadurch das Recht zukommt,

---

[1] John D. Carter und Bruce Narramore, *The Integration of Psychology and Theology* (Grand Rapids: Zondervan, 1979, S. 37,35.

sich als gut zu betrachten. Ist das wirklich eine legitime Basis für die Selbstwertschätzung?

Die Antwort der Bibel auf diese Mutmaßung ist eindeutig. Jeremia betont nachdrücklich: „So spricht der Herr: Ein Weiser rühme sich nicht seiner Weisheit, ein Starker rühme sich nicht seiner Stärke, ein Reicher rühme sich nicht seines Reichtums. Sondern wer sich rühmen will, der rühme sich dessen, daß er klug sei und mich kenne, daß ich der HERR bin, der Barmherzigkeit, Recht und Gerechtigkeit übt auf Erden; denn solches gefällt mir, spricht der Herr" (Jeremia 9,22-23). Man beachte, daß der Herr nicht den Anspruch an sich in Frage stellt. Er sagt nicht: „Warum rühmst du dich vergeblich? Du bist weder reich noch weise noch mächtig." Der Herr sagt vielmehr, selbst wenn du diese Eigenschaften hast, sollen sie dir nicht zur eigenen Ehre dienen. Er sagt auch nicht: „Hör auf, dich zu rühmen." Es geht hier vielmehr darum, daß der Mensch das falsche Ruhmesobjekt gewählt hat. Die Stelle ruft uns auch nicht dazu auf, *zuallererst* uns selbst zu rühmen, um dann, wenn wir ein angemessenes Selbstbild von uns entwickelt haben, den Herrn rühmen zu können. Und schließlich sagt der Herr auch nicht: „Ehre, wem Ehre gebührt. Nimm dir deinen Teil des Ruhmes, der dir zusteht, und dann gib mir, was mein ist." Sondern er sagt, selbst wenn du wertvoll bist, selbst wenn du eine Basis für ein gutes Selbstwertgefühl hast, sollst du nicht dich rühmen, sondern Gott.

Jeremia spricht hier nicht nur von der öffentlichen Ruhmesäußerung. Er duldet auch keine stillschweigende Selbstwertschätzung, solange nur keiner davon redet. Es geht ihm hier vor allem um eine Herzenshaltung der Demut. Unser Herz soll nicht mit eigener Ehre erfüllt sein, sondern mit Lob und Preis für den Herrn. Diese Stelle ist kein Einzelfall in der Bibel. Sie drückt ein Hauptanliegen biblischen Gedankenguts aus. Einerseits schweigt die Bibel zur Aufforderung, ein „gutes Gefühl" gegen uns selbst zu haben, andererseits besteht eines ihrer Hauptanliegen darin, daß wir nicht uns selbst, sondern den Herrn rühmen sollen. Jeremia findet einen Widerhall im 1. Korintherbrief (1,31), wo Paulus schreibt: „Wer sich rühmt, der rühme sich des Herrn!"

Aber warum muß das denn so sein? Wenn ich weise oder

mächtig oder sonst etwas bin, warum sollte ich nicht stolz darauf sein? Warum sollte ich mich nicht beglückwünschen und mich dafür hochachten? Paulus beantwortet diese Frage in 1. Korinther 4,7: „Denn wer gibt dir einen Vorrang? Was hast du, das du nicht empfangen hast? Wenn du es aber empfangen hast, was rühmst du dich dann, als ob du es nicht empfangen hättest?" Sein Prinzip erinnert uns daran, daß wir für unsere Talente und Begabungen nichts können; alles, was wir haben, ist uns geschenkt worden – und der Geber ist natürlich Gott. Wir haben nichts dazu getan, um uns ins Dasein zurufen. Was Paulus hier sagt, erinnert uns an das, was Psalm 100,3 lehrt: „Erkennet, daß der HERR Gott ist! Er hat uns gemacht und nicht wir selbst." Darum ist jegliche Art von Würde, die wir haben, nicht uns zuzuschreiben, sondern sie kommt von Gott, und deshalb muß er gerühmt werden.

Ein wesentliches Argument, das die evangelikalen Schriftsteller anführen, um zu beweisen, daß wir mit uns selbst zufrieden sein sollen, ist die Schriftstelle aus Psalm 139,14, die besagt, daß wir „wunderbar gemacht" sind. Was sie in ihrer Begeisterung aber oft übersehen, ist der eigentliche Schwerpunkt dieser Stelle, der im ersten Satzteil zum Ausdruck kommt. Der ganze Vers lautet wie folgt: „Ich danke *dir* dafür, daß ich wunderbar gemacht bin; wunderbar sind *deine* Werke; das erkennt meine Seele" (Hervorhebungen durch den Autor). Der Psalmist will *Gott* die Ehre geben für seine Größe, die in der Schöpfung zum Ausdruck kommt. Doch der evangelikale Theoretiker scheint den Vers auf seine Weise zu verändern, so daß es sinngemäß heißt: „Ich danke *mir* dafür, daß ich wunderbar gemacht bin." Obwohl beide Gedankenrichtungen am selben Punkt ansetzen, nämlich der menschlichen Würde und Fähigkeit, wird eine tiefe theozentrische Wahrheit der Bibel durch die Hand säkularer wie evangelikaler Ich-Theoretiker zu einer humanistisch ausgerichteten Aussage verbogen. Was Gott als Grund zum Gotteslob beabsichtigte, wurde so verstümmelt, daß es zur menschlichen Grundlage für die Selbstanbetung wurde.

Wie konnte es zu dieser völlig entgegengesetzten Schlußfolgerung kommen? Die Antwort geht aus der Frage nach der *Abhängigkeit* bzw. der *Autonomie* des Menschen hervor. Die theozentrische Denkweise erkennt die Realität von 1. Korinther 4,7 an, daß ich mein „Sein" vom Herrn empfangen habe. Das bedeutet nicht nur, daß er mich an irgend einem Punkt der Vergangenheit erschaffen hat, sondern das Eingeständnis, daß er mein Leben jeden Augenblick erhält. Auch meine Talente und Fähigkeiten sind nicht eigener Verdienst, sondern von Gott gegeben. Ja noch mehr, ihr Einsatz ist vom Herrn abhängig, sowohl physisch in bezug auf Leben, Atem und Energie, als auch geistlich, für den notwendigen Ein-Fluß des Geistes Gottes, damit sie auch Frucht bringen können. Daher ist „Sein" als Ebenbild Gottes nicht etwas, das ich unabhängig besitze; und die Würde, die sich davon ableitet, sollte nicht dem Ebenbild zugeschrieben werden, sondern der Ursprung, der gibt und erhält.

Aus existentialistischer Sicht ist der Mensch unabhängig und autonom. Da der Existentialismus jede Art von System ablehnt, kümmert er sich weder um einen Anfang oder irgendwelche Theorien über tägliche Bewahrung und Erhaltung. Meine unmittelbare Erfahrung sagt mir mit Sicherheit, daß ich hier bin und daß ich mich selbst wahrnehme, und wenn mir gefällt, was ich sehe, gibt es niemand außer mir, der sich darüber freuen kann. Wenn ich irgendwie erfolgreich bin, kann ich nur mich dafür beglückwünschen.

Dem humanistischen Psychologen mit seinen existentialistischen Tendenzen ist die Autonomie und daher auch die Selbstliebe wie auf den Leib geschrieben. Wie steht es aber mit dem evangelikalen Psychologen? Sein Versuch, die Eigenliebe mit ihrer indirekten Autonomie zu adoptieren und gleichzeitig theozentrische Theologie zu betreiben, führt zur Ambivalenz in seinem Denken.

Wir wollen einen Schritt weitergehen und für den Augenblick die Frage nach der Herkunft beiseiteschieben. Dann könnte argumentiert werden: „Selbst wenn ich von Gott erschaffen wurde – das war schließlich in der Vergangenheit, ganz gleich, wie das alles ins Dasein gerufen wurde, ich habe schließlich immer noch Talente und Fähigkeiten, über die ich verfügen kann und die mir ein gutes Selbstgefühl geben." Gerade dies ist ein typisches Argument vom „Ebenbild Gottes" her. Wir sind wertvoll, weil wir so erschaffen wurden. Nur richtet sich jetzt der Blick auf die Fähigkeit des Menschen, etwas zu tun, zu leisten. Dieses Argument scheint als autonome Grundlage für die Würde des Menschen mehr herzugeben, weil *wir* es sind, die etwas haben, sich entwickeln und sich entscheiden, die Talente im Alltag einzusetzen.

Die Suche nach autonomer Würde in unseren Fähigkeiten und Begabungen wird deutlich in der Diskussion bei Narramore über einen Solisten, der in einer Kirche gesungen hatte. Nach dem Gottesdienst bedankte sich jemand bei ihm für seinen Vortrag, worauf er antwortete: „Es war ja nicht ich. Der Herr hat es getan." Narramore will diese Antwort nicht gelten lassen. Er fragt: „Augenblick mal! Wer hat es getan? Er hat mit der Stimme gesungen, mit der Gott ihn erschaffen hat, aber das ist nicht so, als ob man genauso gut einen Roboter hätte hinstellen können und dieselbe Botschaft gehört hätte.... Wenn dieser junge Mann ein gewöhnlicher Heide wäre, würde er in der New Yorker Metropolitan singen, weil er die Stimme dazu hat."[2]

Hier klingt an, daß der Sänger etwas Falsches gesagt hat und daß sein Vortrag eigentlich autonom war. Aber diese Vorstellung läßt eine tiefe biblische Wahrheit außer acht. Sie übergeht unser Angewiesensein auf Gottes dauerndes Unter-die-Arme-Greifen in jedem Bereich unseres Lebens, von einem Augenblick zum anderen. Sie vergißt, daß dieser Mensch nur singen konnte, weil die Luft, die er atmete, die Bühne, auf der er stand, selbst das Herz, das ihn am Leben hielt, alles „durch sein machtvolles Wort" (Heb. 1,3) getragen wurde. Gott die Ehre zu geben, war die einzig vernünftige Antwort des Solisten.

Narramore zeigt sich in der Angelegenheit menschlicher Fähigkeiten zum Teil ambivalent. Obwohl er die angeborene Würde des Menschen geltend machen will, ist ihm bewußt, daß Gottes Kraft und Herrlichkeit ebenfalls ihren Platz haben müssen. Daher beendet er den Teil über die Demut in seinem Buch *You're Someone Special* mit der Feststellung: „Wenn wir auch viele Dinge vollbringen können, können wir doch

---

2 Bruce Narramore, „The Christian's Self-Esteem," Vortrag im Dallas Theological Seminary, Dallas, Tex., 31. Oktober 1975. Kassette Nr. 715, Dallas Seminary Library.

nicht unser Bestes tun, ohne zu erkennen, daß wir ihn nötig haben."[3] Er kann sich anscheinend nicht überwinden, auszudrücken, was Christus in Johannes 15,5 sagt: „Ohne mich könnt ihr nichts tun." Ja, er geht so weit, daß er an anderer Stelle im selben Band den Anfang von Johannes 15,5 zitiert, aber seltsamerweise das Ende ausläßt.[4]

Beispiele dieser Art von Ambivalenz können an vielen Stellen in den Schriften anderer Evangelikaler festgestellt werden. Sie spiegeln den Zwiespalt jener Autoren wider, die die autonome Würde des Menschen im Blick haben und gleichzeitig die Wahrheit aufrechterhalten wollen, daß Gott unseres Ruhmes würdig ist. Die Würde des Menschen kann ihm nur dann angeboren sein, wenn seine Talente autonom zur Geltung kommen; sie müssen außerhalb des Wirkens Gottes operativ sein. Dies trägt aber der Wahrheit nicht Rechnung, daß Gott uns nicht nur einmal erschaffen hat, sondern, daß wir völlig abhängig von ihm sind, was unser Leben, die Luft, die wir atmen, und alles andere betrifft.

Ein gewaltiger Unterschied zwischen dem Gott-Sein und dem Ebenbild Gottes sein, besteht im Unterschied zwischen Autonomie und Abhängigkeit. Der Schöpfergott ist nicht abhängig von seiner Schöpfung. Er ist völlig unabhängig, und alles andere hängt von ihm ab. Diese Vorstellung kommt im primären Namen Gottes zum Ausdruck, YAHWEH, dessen Ursprung wahrscheinlich mit dem hebräischen Verb „sein" zusammenhängt. Als Mose ihn bezüglich seines Namens fragte, antwortete der Herr: „ICH BIN DER ICH BIN" (2. Mose 3,14). Was dieser Name im besonderen andeutet, ist, daß Gott der selbst-existente Gott ist und als solcher der Urgrund der Existenz jedes anderen Geschöpfes. Der grundlegende Irrtum des Existentialismus besteht darin, daß er die Autonomie, die ausschließlich YAHWEH zusteht, auf den Menschen überträgt.

Diese Unabhängigkeit von Gott in Kontrast zur Abhängigkeit des Menschen ist aber nicht nur auf die Schöpfung begrenzt. Der alte Irrtum des Deismus hatte seinen Ursprung

---

3 Bruce Narramore, *You're Someone Special* (Grand Rapids: Zondervan, 1978), S. 62.
4 Ibid., S. 131.

nicht in der Bibel, denn diese gibt keinen Anhaltspunkt dafür, daß die Welt ohne Gott auskommen sollte. Vielmehr erhält er alle Dinge durch sein machtvolles Wort. Außerdem wäre es verkehrt, Gottes Aktivität im Universum heute auf bloße Erhaltung einzugrenzen. Jakobus 1,17 sagt uns: „Alle guten Gaben und alle vollkommenen Gaben kommen von oben herab, von dem Vater des Lichts, bei dem keine Veränderung ist und kein Wechsel von Licht und Finsternis." Sowohl das Verb „ist", wie auch der Adjektiv „kommen herab", sind in der Gegenwartsform, was andauernde Tätigkeit ausdrückt. Gott hörte der Schrift zufolge nicht auf, zu geben, sondern alles, was heute in der Welt von Wert ist oder Verdienst hat, geht auf ihn als Ursprung zurück.

Der Christ ist selbstverständlich Erbe eines besonderen Maßes an Gottes Gnade als sein Kind und als Empfänger des Auferstehungslebens durch die neue Geburt. In diesem übernatürlichen Leben können wir nur in völliger Abhängigkeit von ihm etwas von Wert zustande bringen. Der Mensch als *Ebenbild* Gottes kann nicht die *Quelle* irgend eines Wertes sein. Aber als Ebenbild Gottes hat er die besondere Fähigkeit, ein *Kanal* für Gottes Leben zu sein und auf diese Weise Wertvolles zu leisten. Christus hat das klar herausgestellt in seiner Rede über den Weinstock und die Reben: „Ich bin der Weinstock, ihr seid die Reben. Wer in mir bleibt und ich in ihm, der bringt viel Frucht; *denn* ohne mich könnt ihr nichts tun" (Joh. 15,5; Hervorhebung durch den Autor).

Wo man den Menschen mit autonomer Würde ausstattet, fällt man einem Irrtum in einem ganz praktischen Bereich des christlichen Lebens zum Opfer. Man setzt sein Vertrauen an die falsche Stelle. Narramore sagt: „Dicht neben dem Wissen, daß Gott uns erschaffen hat, steht eine andere Säule unserer Selbstachtung – das Bewußtsein unserer Fähigkeiten und ein Gefühl innerer Kraft."[5]

Aber die Stoßkraft der Bibel geht in die andere Richtung. Immer wieder sehen wir, wie der Herr die Menschen ans Ende ihrer Kraft und ihrer menschlichen Fähigkeiten bringt, damit er ihnen zeigen kann, wie sehr sie von ihm abhängig

---

5 Ibid., S. 62.

sind. Abraham machte einen letzten verzweifelten Versuch menschlichen Tuns mit Hagar und Ishmael, mußte aber zu seiner Scham feststellen, daß dies nicht Gottes Plan war. Gott wartete darauf, ihm zu zeigen, daß er El Shaddai ist, ein Gott der wirkt, wenn die Menschen an ihren Grenzen angekommen sind.

Die menschlichen Anstrengungen von Mose reichten nur so weit, einen einzigen Ägypter zu begraben, als er versuchte, seinem geknechteten Volk Befreiung zu bringen. Gott mußte ihn beiseite nehmen und ihn lehren, nicht auf menschliche Fähigkeit zu vertrauen, sondern auf Ihn, den großen „ICH BIN", der anfängt zu wirken, wenn menschliche Fähigkeiten erschöpft sind und menschliche Hoffnung vergangen ist. Gott lehrt uns dieselbe Lektion mit David und Goliat. Goliat kam heraus mit Schwert, Lanze und Spieß, aber David sagte: „Ich aber komme zu dir im Namen des HERRN Zebaot, des Gottes des Heeres Israels, den du verhöhnt hast" (1. Samuel 17,45). Vom Gesichtspunkt menschlicher Kapazität hatte David nicht die geringste Chance.

Diese Wahrheit begegnet uns wieder in Sacharja 4,6: „Es soll nicht durch Heer oder Kraft, sondern durch meinen Geist geschehen, spricht der HERR Zebaot." Paulus sprach ebenfalls davon, das Vertrauen in menschliches Tun wegzuwerfen und dafür die Kraft Gottes einzutauschen, als er bezeugte: „Darum will ich mich am allerliebsten meiner Schwachheit rühmen, damit die Kraft Christi in mir wohnt" (2. Kor. 12,9). Ein schwerwiegender theologischer Irrtum besteht darin, Vertrauen in eigene Fähigkeiten als Prüfstein gereiften Glaubens anzusehen, und dann dieses Vertrauen als Basis für Selbstwertschätzung heranzuziehen. Wie sehr unterscheidet sich das von der Auffassung des Paulus, der sagt: „Nicht daß wir aus uns selber fähig wären, so daß wir uns selbst etwas zuschreiben könnten; sondern unsere Befähigung kommt von Gott" (2. Kor. 3,5).

Wie gut ist es doch, Selbstvertrauen gegen Gottvertrauen einzutauschen. Die Problematik des Selbstvertrauens wird in der Geschichte von Saul und Goliat deutlich. Saul überragte ganz Israel um Kopf und Schultern. Er hatte wirklich Grund zum Selbstvertrauen. Aber eines Tages begegnete er Goliat.

Beim Lesen des Berichts über die Herausforderung von Goliat wird deutlich, daß Saul aus menschlicher Sicht eigentlich der geeignetste Israelit war, der gegen den Riesen kämpfen konnte. Aber derjenige, der sich auf menschliche Größe verlassen hatte, befand sich nun einem Größeren gegenüber. Wie beschämend müssen diese Tage für Saul gewesen sein, als Israel auf ihn blickte und ein Eingreifen von ihm erwartete. Kein Wunder, daß er so schnell bereit war, David kennenzulernen und sich an alles zu klammern, was ihm aus seiner demütigenden Situation heraushelfen konnte.

Darin besteht eben das Dilemma des Selbstvertrauens. Es gibt immer wieder jemand, der größer, talentierter, gewandter ist, immer wieder die Situation, die unsere Fähigkeiten übersteigt. Wieviel besser ist es da, ein David zu sein, als ein Saul. Statt unser Vertrauen in unsere begrenzten Fähigkeiten zu setzen, ist es doch viel besser, aus den unendlichen Schätzen YAHWEHs zu schöpfen. Dann brauchen wir uns nicht zu sorgen, wenn wir mit einem modernen Goliath zusammentreffen, weil wir ein Fundament haben, auf das wir grenzenlos vertrauen können.

Als Evangelikale haben wir vielleicht besonders die Einsicht nötig, daß die Ich-Theorie eigentlich nichts gibt, sondern nur nimmt. So oft meinen die Leute, sie kämen zu kurz, wenn sie die Selbstliebe aufgeben. Wie wir gesehen haben, könnte nichts weiter von der Wahrheit entfernt sein. Es ist viel besser, alles was wir sind, einzutauschen gegen alles, was Gott ist, aus dem wir Vertrauen schöpfen. Aus der biblischen Perspektive kann der Mensch nicht als autonom betrachtet werden, weder in seiner Existenz noch in seiner Leistungsfähigkeit.

In Daniel 4 lesen wir, daß auch Nebukadnezar diese Lektion lernen mußte. Wir erinnern uns an das Wort, das er sprach: „Das ist das große Babel, das ich erbaut habe zur Königstadt durch meine große Macht zu Ehren meiner Herrlichkeit" (Daniel 4,27). Gott richtete diese Einstellung „ehe noch der König diese Worte ausgeredet hatte." Gottes Gericht folgte sofort auf diese Verkündigung autonomen Schaffens. Und was war das Ergebnis der Züchtigung Gottes im Herzen Nebukadnezars? Seine Einstellung änderte sich drastisch. Eine deutliche Akzentverschiebung von sich selbst auf Gott wird sichtbar: „Darum lobe, ehre und preise ich, Nebukadnezar, den König des Himmels; denn all sein Tun ist Wahrheit, und seine Wege sind recht, und wer stolz ist, den kann er demütigen" (Daniel 4,34). Nebukadnezar sah ein, daß Erfolge nicht zur Selbstwertschätzung führen sollen und dürfen, sondern zur Verherrlichung des Herrn, der ihr Autor ist. Wenn der Herr so sehr darauf bestand, daß ein heidnischer König alle Herrlichkeit dem rechtmäßigen Besitzer zukommen ließ, wieviel mehr sollten wir, seine Kinder, darum besorgt sein, dasselbe zu tun! Und in diesem Fall war ein irdisches Königreich betroffen; wieviel mehr sollten wir, als Erben eines himmlischen Königreichs, Sorge dafür tragen, daß Gott alle Ehre für jene Dinge zukommt, die er uns geschenkt hat!

Gleich, welchen Wert wir haben, welche Fähigkeiten wir besitzen mögen, was wir damit erreichen: sobald wir erkennen, daß alles von Wert letztendlich von Gott kommt und ständig von ihm abhängt in bezug auf Leben, Bedeutung und Frucht, ist die einzig rechte Antwort nicht Selbstwertschätzung, sondern Anbetung des Gottes, in dem alles seinen Ursprung hat.

Das Argument bezüglich der Erlösung

Das Argument von unserer Schöpfung als Gottes Ebenbild ist nicht das einzige, durch welches evangelikale Befürworter der Selbstliebe versuchen, die menschliche Würde zu begründen, um eine Basis zu schaffen für Selbstwertschätzung. Im Schrifttum einer breiten Palette dieser Autoren entdecken wir, daß wir unsere Würde und darum unsere Selbstliebe auf die Lehre der Erlösung stützen können. Ein Wortführer drückt es so aus: „Die beständige Würde des Menschen, auch nach dem Fall, ist besonders offenkundig in der Lehre der Bibel über die Erlösung.... Gott würde gewiß nicht seinen Sohn für Geschöpfe geben, die er als gering erachtet."[6]

Dieses Argument ist natürlich absolut fragwürdig. Hier

---

6 Anthony A. Hoekema, *The Christian Looks at Himself* (Grand Rapids: Eerdmans, 1975), S. 22.

wird gesagt, daß Christus für die Menschen gestorben ist, weil die Menschen würdig sind. Der Sühnetod gründet sich auf und ist motiviert durch die Würde des Menschen. Diese Einstellung untergräbt die biblische Lehre von der Gnade Gottes. Die Gnade Gottes als Grundlage unserer Erlösung wird entkräftet.

Wir können den Irrtum, aus der Erlösung menschliche Würde schließen zu wollen, an folgendem Beispiel illustrieren: Wenn wir einkaufen, versuchen wir, Dinge zu erstehen, die „unser Geld wert" sind. Das halten wir für unser gutes Recht. Und wir haben das erreicht, wenn wir zum Schluß kommen, daß die Dinge, die wir gekauft haben, tatsächlich dem Wert entsprechen, den wir bezahlt haben. Aber in diesem Tausch wirkt keine Gnade mit; wir erwarten das auch nicht. Der Verkäufer bekommt sein Geld, wir haben unsere Ware. So ist es im Geschäftsalltag – eine faire Angelegenheit.

Wenn wir ein Geschäft abschließen, steht der bezahlte Preis in Beziehung zum Wert der Ware. Aber im Fall der Gnade gibt es *keine* Beziehung zwischen dem Kaufpreis und dem Wert dessen, was gekauft wird. Wenn die Bibel von der Erlösung spricht, beschreibt sie den größten Gnadenakt, den die Welt je gesehen hat. Keinesfalls versucht sie, den Kaufpreis – das kostbare Blut Christi, dem erkauften Gut – unseren Seelen, gleichzustellen. Wo solches versucht wird, wird die Gnade Gottes völlig verkannt. Da wird Gott lediglich zum Partner in einem Geschäft gemacht. Dem Menschen eine Würde zuzuschreiben, die dem Blut Christi ebenbürtig ist, schießt weit über das Ziel hinaus, das die Bibel gesteckt hat, auch wenn das Motiv verständlich ist.

Die Frage lautet indessen: Ist Christus für uns gestorben, weil wir würdig waren, oder trotz unserer *Un*würdigkeit? Der Begriff biblischer Liebe und Gnade scheint letzteres zu betonen. Die Botschaft in Römer 5,8 und 1. Joh. 4,10 ist, daß Gott die Unliebsamen geliebt hat. Der Sühnetod zeigt nicht die Würde des Menschen auf, sondern die Gnade Gottes. Die Würde des Menschen als Grund für den Sühnetod anzunehmen, hieße den biblischen Bericht über die Erlösung zu verfälschen. So liest man erstaunt die Behauptung eines Vertreters der Selbstliebe: „Wir müssen wirklich etwas Wundervolles an uns haben, daß (Gott) uns lieben und so bereitwillig annehmen kann."[7] Man fragt sich verwundert, wie man Gottes Annahme des Menschen als „so bereitwillig" bezeichnen kann, wenn Gott zuvor das größte Opfer bringen mußte, das überhaupt möglich war. Hat Jesus im Garten nicht furchtbare Angst ausgestanden, als er der Realität des Kreuzes ins Auge sah? Die Meinung jenes Schriftstellers scheint die Leiden Christi zu übersehen, die notwendig waren, um den Menschen zu einer rechten Beziehung mit Gott zu bringen. Es sollte uns schmerzlich bewußt sein, daß in Gottes Annahme des Menschen nirgends enthalten ist, daß „wir etwas wirklich Wundervolles an uns haben", sondern eher, daß alles an *Ihm* wirklich wunderbar ist, besonders seine Liebe und Gnade.

Die Bibel unterstreicht die Wahrheit, daß der Sühnetod die Gnade Gottes aufgezeigt hat, was nichts mit unserer Würde zu tun hat. Dies unterstreicht auch der Apostel Paulus in 1. Kor. 1,26-29, wo er uns daran erinnert: „Seht doch, liebe Brüder, auf eure Berufung: Nicht viele Weise nach dem Urteil der Menschen, nicht viele Mächtige, nicht viele Vornehme sind berufen. Sondern was töricht ist vor der Welt, das hat Gott erwählt, um die Weisen zuschanden zu machen; und was schwach ist vor der Welt, das hat Gott erwählt, um zuschanden zu machen, was stark ist; und das Geringe vor der Welt und das Verachtete hat Gott erwählt, das, was nichts ist, um zunichte zu machen, was etwas ist, *damit sich kein Mensch vor Gott rühmen kann*" (Hervorhebung durch den Autor). Die Betonung liegt auf der Unwürdigkeit des Objekts der gnadenvollen Berufung Gottes.

Manche bestreiten die Schlußfolgerungen, zu denen wir oben gekommen sind. Sie argumentieren, daß die Gnadenlehre sich auf die Sünde des Menschen bezieht, nicht auf seine Würde. Gnade zeige unsere Sünde in schlechtem Licht, unsere schlechte Leistung, nicht aber unsere fundamentale Würde als Menschen. Aber dies zu behaupten würde bedeuten, daß der geschaffene Mensch seinsmäßig dem Leben des Sohnes Gottes ebenbürtig ist. Diese Folgerung widerspricht

---

[7] Cecil G. Osborne, *The Art of Learning to Love Yourself* (Grand Rapids: Zondervan, 1976), S. 137.1g

den Worten Johannes des Täufers an die Pharisäer und Sadduzäer: „Denn ich sage euch: Gott vermag Abraham aus diesen Steinen Kinder zu erwecken" (Matthäus 3,9). Heißt das, daß der Mensch keine Würde hat? Keinesfalls. Was hier zur Debatte steht, ist die *Basis* dieser Würde.

Was ist nun diese Basis? Die Antwort wurde wahrscheinlich von keinem besser ausgedrückt, als von Martin Luther in seiner vierten These: „Gott liebt uns nicht, weil wir wertvoll sind; wir sind wertvoll, weil Gott uns liebt."[8]

Der Mensch erkennt seinen Wert nicht, wenn er nach *innen schaut;* er muß *nach oben* schauen. Nicht wer oder was wir sind, spielt eine Rolle, sondern wer Gott ist, das heißt, Er ist ein liebender und gnadenvoller Gott. Der stets nach innen gerichtete Blick evangelikaler Ich-Theorie übersieht, was Martin Luther nicht übersehen hat. Unser Anspruch auf Würde gründet sich nicht auf uns selbst, sondern auf Gott.

Unsere Frage nach Würde sollte uns in der Wahrheit zur Ruhe kommen lassen, daß ihr Ursprung und ihr beständiges Fundament nicht in der Kreatur, sondern im Schöpfer liegt. Ob wir auf die Schöpfung oder auf das Kreuz sehen, es muß uns gleichermaßen bewußt werden, daß wir nicht auf uns sehen sollen, sondern auf den großen Gott, der uns gemacht und erlöst hat.

---

[8] John R.W. Stott, „Must I Really Love Myself?" *Christianity Today*, 5 May 1978, S. 35.

Kapitel 10:

Sind wir bedingungslos angenommen

Nachdem wir die Frage der Selbstliebe vom Standpunkt der Schöpfung und der Erlösung aus betrachtet haben, wollen wir näher untersuchen, ob der einzelne unabhängig von seiner Leistung mit sich zufrieden sein kann, da Gott ihn ja bedingungslos annimmt. Wir sahen bereits, daß es – existentialistisch gesprochen – mein Recht ist, zu tun, was immer mir gefällt. Ganz gleich, was ich tue, ich verdiene immer noch, von anderen angenommen zu werden. Wenn sie mich auf dieser Grundlage nicht annehmen, machen sie sich schuldig, mir ihre Verhaltensnormen, Ansichten und Wertvorstellungen aufdrängen zu wollen. Wie das Prinzip der bedingungslosen Annahme in der Praxis gehandhabt wird, verdeutlicht ein Beispiel aus der Kindererziehung eines evangelikalen Psychologen. Es sind selbstverständlich die Eltern, denen es obliegt, bedingungsloses Annehmen zu üben, während sich das Kind eher „existentialistisch" ausleben darf.

Der folgende Abschnitt illustriert, was wir meinen:
Kinder müssen ihre Eltern achten. Aber diese Achtung muß durch eine achtenswerte Lebensweise verdient werden. Sie kann nicht mit Gewalt „errungen" werden! Ein Kind mag lernen, daß es den Eltern gegenüber nicht aufmüpfig werden kann, ohne vertrimmt zu werden. So wird es aufhören, frech zu sein, oder es wird zuerst auf Sicherheitsabstand gehen, bevor es seine Bemerkungen losläßt. Aber was wurde damit erreicht? Das Kind fürchtet die Macht der Eltern, aber innerlich empfindet es immer weniger Achtung. Wie kann es einen Erwachsenen achten,

der sich von einem kindischen Angriff auf sein Selbstwertgefühl derart aus der Fassung bringen läßt? Das kann es einfach nicht. Die Achtung des Kindes sollte gewonnen werden, indem man es ausreden läßt. Wenn es verärgert ist, soll es das sagen dürfen. Wenn Sie ihm erlauben, seinen wahren Gefühlen Ausdruck zu geben, erweisen Sie ihm Achtung. Wenn Sie Ihr Kind achten, wird es Ihnen denselben Gefallen tun.[1]

Was sagt der Autor bei näherem Betrachten der Situation hier eigentlich? Obwohl er mit der Feststellung beginnt, daß Kinder ihre Eltern achten müssen, meint er offensichtlich nicht, daß ihnen beigebracht werden soll (nötigenfalls unter Anwendung von Strafe), ihren Eltern mit Achtung zu begegnen. Vielmehr wird die Achtung vor den Eltern irgendwie von selbst im Kind entstehen, sobald die Eltern ihr Kind bedingungslos annehmen, ganz gleich, wie es sich verhält. Das ist Rogers' Methode in purer Form, angewandt auf die Kindererziehung.

Die Eltern, andererseits, scheinen nur wenig Rechte zu besitzen. Der elterliche Versuch, das Kind unter Kontrolle zu bringen, wird mit dem Ausdruck „vertrimmen" karikiert. Es wird angedeutet, daß die Eltern sich sehr unklug verhalten haben, besonders da sie nichts ausgerichtet haben. Zudem wird den Eltern vorgeworfen, sie hätten sich in ihrem Handeln nicht von dem Wunsch leiten lassen, das Kind zu erziehen, sondern wären von ihrem verletzten Selbstwertgefühl motiviert worden! Die Botschaft hier lautet, daß Eltern nur ein Recht haben, nämlich bedingungsloses Annehmen zu üben. In der Tat ist der Autor an diesem Punkt sehr ehrlich:" ...wir können erreichen, daß das Kind seinen immensen Wert spürt, indem wir ihm bedingungslose Liebe entgegenbringen. Das bedeutet, daß wir unsere Kinder völlig akzeptieren, egal wie sie sich aufführen."[2]

Ein Abkommen, bei dem eine Person einer anderen ständig bedingungsloses Angenommensein vermittelt, ist aber in

---

1 Bruce Narramore, *Help! I'm a Parent* (Grand Rapids: Zondervan, 1972), S. 42.
2 Ibid., S. 116.

jeder Hinsicht undurchführbar. Diese Theorie kann nie völlig umgesetzt werden. Sie muß einfach den realen Gegebenheiten des Lebens Rechnung tragen. Eine Beziehung von Mensch zu Mensch kann nur auf der Basis von beiderseitigen Mindest-Verpflichtungen bestehen. Ein paar Bedingungen für das Angenommenwerden sind notwendig.

Unser Angenommensein vor Gott

In der evangelikalen Ich-Theorie wird der Gläubige in seinem Verhältnis zu Gott mit einer verblüffenden Umkehrung der Rollen konfrontiert. Der Mensch wird zum „existentialistischen" Gott, während Gott in der Rolle des Dieners uns mit bedingungsloser Annahme versorgt. Im wesentlichen ist diese Einstellung eine Anpassung an Rogers' Grundstruktur, mit Gott in der Rolle der „Bezugsperson", deren bedingungslose Annahme der Schlüssel zu unserem positiven Selbstbild oder zur Eigenliebe ist.

Wie wir bereits gesehen haben, versuchen einige, diesen Grundeinstieg in der Anwendung sehr weit zu auszudehnen. Sie sagen zunächst, daß die vergangenen, gegenwärtigen und zukünftigen Sünden durch den Sühnetod Christi abgedeckt sind und lehren dann, daß Gott nunmehr nur die Gerechtigkeit Christi sieht, wenn er uns anblickt. Daher hat unser Verhalten keinerlei Auswirkung auf Gottes Haltung und Handlungen uns gegenüber, da wir ja von ihm bedingungslos angenommen sind. Das Schuldbekenntnis ist nur noch von unserer, nicht aber von Gottes Seite notwendig, und das auch nur als Mittel zur Katharsis, damit wir uns gereinigt *fühlen* können. Obwohl Gott zu manchen Zeiten straft, tut Er es doch liebevoll und zu unserem Besten. Daher müssen wir seine strafende Hand niemals fürchten. Außerdem beeinträchtigt die Sünde Gottes Segnungen in unserem Leben gar nicht. Seine Beziehung zu uns ist völlig außerhalb jeder Bedingung.

Die Bibel macht jedoch sehr viele Aussagen, die diese Schlußfolgerungen in Frage stellen. Gottes Segen im Hier und Jetzt ist ein guter Ausgangspunkt. Vergleichen Sie die Behauptung „unter der Gnade segnet Gott uns bedingungslos; dadurch werden wir ermutigt, Ihm zu gehorchen"[3] mit 1. Petrus 3,10-12: „Denn wer das Leben lieben und gute Tage sehen will, der hüte sich davor, daß seine Zunge Böses redet und seine Lippen betrügen. Er wende sich vom Bösen ab und tue Gutes; er suche Frieden und jage ihm nach. Denn die Augen des Herrn sehen auf die Gerechten und seine Ohren hören auf ihr Gebet; das Angesicht des Herrn aber wendet sich gegen die, die Böses tun." Diese biblische Ermahnung steht keineswegs allein. Im gleichen Buch sagt Petrus: „Alle aber sollen einander mit Demut begegnen. Denn Gott widersteht den Hochmütigen, aber den Demütigen gibt er Gnade" (1. Petrus 5,5).

Andere Aspekte der Lehre vom bedingungslosen Angenommensein schwimmen ebenfalls stromaufwärts, gegen eine Flut biblischer Lehren. Braucht der Christ seine Sünden nicht zu bekennen, es sei denn um seines eigenen seelischen Wohlbefindens willen? 1. Johannes 1,9 scheint das Gegenteil auszusagen. In den letzten Jahren wurde der Versuch unternommen, diesen Vers so zu interpretieren, daß die Notwendigkeit des Schuldbekenntnisses ausgeklammert wird. So merkt z.B. Peter Gillquist an, daß das Wort „bekennen" in 1. Joh. 1,9 soviel bedeute wie „ . . . mit Gott übereinstimmen betreffend . . ." Diese Übereinstimmung soll darin bestehen, „Erstens, daß es Sünde ist; zweitens, daß sie bereits vergeben ist, weil Gott es sagt!"[4]

Diese Vers-Auslegung wirft Probleme auf, da sie nicht mit der Aussage im zitierten Abschnitt übereinstimmt. Johannes sagt uns hier nicht, daß wir erkennen sollen, was bereits vergeben ist. Der Vers wäre unsinnig, wenn er lauten würde: „Wenn du mit Gott übereinstimmst, daß Er deine Sünden bereits vergeben hat, dann wir Er sie dir vergeben." Dieses Verständnis plaziert die Vergebung sowohl vor wie nach unsere Übereinstimmung. Gott soll vergeben, was er bereits vergeben hat. Das ist eine logische Ungereimtheit.

---

[3] Bruce Narramore and Bill Counts, *Freedom from Guilt* (Irvine, Calif.: Harvest House, 1974) S. 96.
[4] Peter E. Gillquist, *Love is Now* (Grand Rapids: Zondervan, 1970), S. 64.

Die Notwendigkeit des Schuldbekenntnisses

Aber wenn Christus bereits für unsere Sünden gestorben ist, was ist dann der Sinn des Schuldbekenntnisses nach 1. Joh. 1,9? Wir müssen uns bewußt werden, daß unsere Beziehung zu Gott sich nicht in der Rechtfertigung erschöpft. Letztere bezieht sich auf unsere Beziehung zu ihm als Richter. Der Mensch, der gerechtfertigt ist, muß nicht länger vor dem Richter-Gott stehen, denn er hat eine neue Beziehung zu Gott-*Vater*. Obwohl Gott über die ewige Bestimmung seiner Kinder nicht mehr als Richter befinden wird, bedeutet dies nicht, daß er ihren Sünden gegenüber blind oder gleichgültig wäre. Lewis Sperry Chafer beschreibt dies wie folgt:

> Es ist erwiesen, daß Gottes Vergebung für den Gläubigen eine familiäre Sache ist. Sie hat nichts mit der Vergebung zu tun, die ein für allemal gewährt wird, denn der Gläubige ist ja bereits und für immer ein Mitglied des Haushalts und der Familie Gottes. Die lebendige Verbindung mit Gott, die für den Gläubigen durch Christus zustandegekommen ist, wurde nicht unterbrochen, kann gar nicht unterbrochen werden. Diese Erneuerung dient der Gemeinschaft und der Vereinigung mit Gott.[5]

In bezug auf 1. Joh. 1,9 erklärt Zane C. Hodges: „Als Vater steht es Gott frei, die Bedingungen festzulegen, unter welchen Seine Kinder mit Ihm Gemeinschaft pflegen können. Seine Weigerung, mit einem sündigen Kind Gemeinschaft zu haben, bis es bekennt, ist ohne Frage sein göttliches Vorrecht. Folglich bezieht sich Vergebung in diesem Kontext auf die Wiederherstellung der gestörten Gemeinschaft innerhalb der Familie Gottes."[6]

Exegetisch am besten erhärtet ist ein Verständnis von 1. Joh. 1,9, das dem Christen aufträgt, seine Sünden zu bekennen, um innerhalb seiner Beziehung mit Gott Vergebung und familiäre Gemeinschaft zu erlangen. Dieser Vers und andere

---

[5] Lewis Sperry Chafer, *Systematic Theology*, 8 Bde. (Dallas, Tex.: Dallas Seminary, 1948), 2:337-38.
[6] Zane C. Hodges, „Fellowship and Confession in I John 1,5-10," *Bibliotheca Sacra* 129, Nr. 513 (Januar-März 1972): 57.

Stellen in der Schrift lassen uns zu dem Schluß kommen, daß unsere Beziehung mit Gott tatsächlich ein Element der Bedingung enthält, nicht in bezug auf Gewißheit, sondern in bezug auf Gemeinschaft, Segen, unsere Brauchbarkeit im Dienste Gottes und ewige Belohnung.

Diese Tatsache wird z.B besonders dort deutlich, wo das Neue Testament über die Eigenschaften eines Ältesten spricht. Die in Titus 1,6-10 aufgelisteten Voraussetzungen konzentrieren sich nicht auf Fähigkeiten, die notwendig sind, um die Aufgabe zu bewältigen, sondern sie sprechen von erbrachter Leistung, das heißt, wie dieser Mensch gelebt hat. Der Heilige Geist sagt: „Wenn dein Leben dieses Maß nicht erfüllt, hast du nicht die Eigenschaften eines Ältesten." Das hört sich kaum bedingungslos und leistungs-unabhängig an.

Daß ein Christ für Gott erst durch ein gottgefälliges Leben brauchbar wird, gilt jedoch nicht nur für die Ältesten. Paulus ermahnt Timotheus: „Es lasse ab vom Unrecht, wer den Namen des Herrn nennt. In einem großen Hause aber sind nicht nur goldene und silberne Gefäße, sondern auch hölzerne und irdene, die einen zu ehrenvollem, die andern zu weniger ehrenvollem Gebrauch bestimmt. Wenn nun jemand sich von solchen Leuten reinigt, so wird er ein Gefäß zu ehrenvollem Gebrauch sein, geheiligt, dem Hausherrn nützlich und zu jedem guten Werk geeignet" (2. Tim. 2,19b-21).

Ein anderes Gebiet, auf dem unsere Beziehung zu Gott auf Bedingungen stößt, betrifft den ewigen Lohn. An verschiedenen Stellen spricht der Apostel Paulus von der Sorge um seinen Lohn. Er wollte anscheinend jeden Tag gewinnbringend für die Ewigkeit anlegen. So bangt er wegen der Galater: „...daß ich vielleicht umsonst an euch gearbeitet habe" (Galater 4,11b). Aber er freut sich über die Thessalonicher und jubelt ihnen zu: „Denn wer ist unsere Hoffnung und unsere Freude und unser Ruhmeskranz - seid nicht auch ihr es vor unserem Herrn Jesus, wenn er kommt?" (1. Thess. 2,19). Paulus sorgte sich auch um die Belohnung für die Philipper: „Nicht, daß ich das Geschenk suche; sondern ich suche die Frucht, damit sie euch reichlich angerechnet wird." (Phil. 4,17).

Offensichtlich macht es Gott sehr viel aus, wie wir leben.

Unser Lebensstil hat Auswirkungen auf unsere Gemeinschaft mit Ihm, unsere Eignung zum Dienst, Seine Segnungen im Alltag und vieles mehr. Unsere Beziehung mit Gott ist in vielen wesentlichen Bereichen an Bedingungen geknüpft. Wir können in unserer Sterbestunde auf ein Leben voller Versagen und Niederlagen zurückblicken, oder wir können es mit Paulus halten, der am Ende sagen konnte: „Ich habe einen guten Kampf gekämpft, ich habe den Lauf vollendet, ich habe Glauben gehalten; nun liegt für mich die Krone der Gerechtigkeit bereit, die mir der Herr, der gerechte Richter, am Jüngsten Tage geben wird, aber nicht nur mir, sondern auch allen, die seine Wiederkunft lieb haben." (2. Tim. 4,7-8).

Kapitel 11:

Die Leistungsfrage

Walter Trobisch setzt an den Anfang seines Buches *Love Yourself* den Bericht über eine therapeutische Beratung an einer Universität in Nordeuropa. Die Ratsuchende war ein sehr schönes skandinavisches Mädchen, deren Problem darin bestand, daß sie aus einer „strikten religiösen Familie" stammte. Dort hatte sie gelernt, daß es Sünde sei, wenn man auch nur die geringste gute Meinung von sich hatte. Trobisch berichtet im folgenden, wie er das Problem anging.

Wir baten sie, aufzustehen und sich im Spiegel zu betrachten. Sie wandte ihren Kopf ab. Mit sanfter Gewalt hielt ich ihren Kopf, so daß sie gezwungen war, sich selbst in die Augen zu sehen. Sie wand sich, als ob ihr das körperliche Schmerzen bereitete.

Es dauerte lange, bis sie, zwar ohne Überzeugung, den Satz flüstern konnte, den ich sie zu wiederholen bat: „Ich bin ein schönes Mädchen."[1]

Wenn ich diese dramatische Szene betrachte, kommt mir unwillkürlich die Frage: Und wenn das Mädchen nun nicht attraktiv gewesen wäre? Was hätte Trobisch ihr dann aufgetragen zu sagen, als er sie vor den Spiegel stellte?

Ein Ich-Theoretiker würde natürlich antworten, daß wir unsere Selbstwertschätzung nicht auf der äußeren Erscheinung aufbauen dürfen, sondern auf den tieferen inneren Persönlichkeits-Aspekten. Aber darin besteht ja gerade die Wur-

---

[1] Walter Trobisch, *Love Yourself* (Downers Grove: Inter-Varsity, 1976), S. 7-8.

zel unseres Problems. Wie steht es denn mit den inneren Aspekten unseres Person-Seins? Wenn wir nun einen anderen Spiegel nähmen, das Wort Gottes (Jakobus 1), und Herz und Leben ihm vorhielten? Was würden wir sehen? Sogar der Christ müßte zugeben, daß nicht alles, was er da sieht, attraktiv ist.

Leistung zählt

Wir haben bereits darüber gesprochen, daß unser Tun Gott *tatsächlich* etwas bedeutet und daß wir deshalb ebenfalls darauf achten müssen. Diese Folgerung konfrontiert uns mit der Frage, wie gut unsere Leistungen sind. Wenn das, was wir im Alltag tun, so bedeutend ist, wie soll die Leistungsfrage in Beziehung zu unserem angeblichen Bedürfnis nach einem gesunden Selbstbild stehen?

Anthony Hoekema räumt der Leistung einen breiteren Platz ein als die meisten anderen Ich-Theoretiker. Er erklärt: „Obwohl das christliche Selbstbild in der göttlichen Gnade wurzelt, kann man nicht erwarten, sich weiterhin eines positiven Selbstbildes zu erfreuen, wenn man unverantwortlich lebt."[2] Obwohl Hoekema ein Versagen für möglich hält sieht er es nicht als Norm an. Er versucht, aufzuzeigen, daß das Leben des Gläubigen grundsätzlich auf Sieg ausgerichtet ist und daß der Christ, der nach innen schaut, sich freuen kann über das, was er sieht. In einem Kapitelüberblick schreibt er: „...wir, die wir in Christus sind, sollten uns als neue Geschöpfe sehen, die nun in der Kraft seines Geistes *ein siegreiches Leben führen*" (Hervorhebung durch den Autor).[3]

Hätte Hoekema das auch den Korinthern schreiben können? Wir wissen wohl, daß der Christ die *Fähigkeit* hat, siegreich zu leben, aber wir können nicht umhin, den Unterschied zwischen Fähigkeit und Wirklichkeit festzustellen. Hoekema würde gerne dieses Bild des (scheinbar immer) siegreichen christlichen Lebens als Basis für ein positives Selbstbild zeich-

---

2 Anthony A. Hoekema, *The Christian Looks at Himself* (Grand Rapids: Eerdmans, 1975), S. 99.
3 Ibid., S. 60

nen. Aber wir stoßen hier mit der Frage zusammen: „Befinden wir uns tatsächlich immer in dieser Position? Haben wir uns gestern dort befunden, leben wir heute da?" Wenn die Antwort zu irgend einer Zeit negativ ausfällt, würde mein Selbstbild dramatisch schwanken und mir zeitweise in den Rücken fallen.

Hoekema macht ein Zugeständnis: „In diesem Leben kommen wir nie über die Notwendigkeit des täglichen Sündenbekenntnisses hinaus, wie Christus uns in der fünften Vaterunser-Bitte gelehrt hat." Er versucht, den Konflikt mit dem Argument zu überbrücken: „Gewiß, der Gläubige mag viele Einzelkämpfe verlieren, besonders wenn er auf seine eigene Kraft baut, statt auf den Herrn zu sehen. Aber man kann viele Kämpfe verlieren und doch die Schlacht gewinnen. Und wenn man in Christus ist, braucht man um den Ausgang nicht zu bangen."[4]

Aber Hoekemas Argument verwirrt. Was meint er mit „doch die Schlacht gewinnen"? Wenn er damit meint, in den Himmel zu kommen, so ist diese Angelegenheit für den Gläubigen ja geregelt. Aber zum christlichen Leben und seinem Ausgang gehört mehr als das. Wenn er damit das Potential jedes Gläubigen für ein fruchtbares Leben der Reife und der Überwindung meint, ist das Endergebnis keinesfalls gewiß.

Wenn uns die Bibel auch keine Statistiken darüber gibt, finden wir doch Hinweise in der Schrift, daß viele den geistlichen Sieg nicht kosten. Wir haben bereits die Kirche in Korinth angeführt. Die Galater hatten ihre speziellen Probleme und selbst die geistlichen Philipper hatten einen kleinen Streit in ihrer Mitte, was uns mit Sicherheit vermuten läßt, daß sie von den Gemeinden des 20. Jahrhunderts nicht allzu verschieden waren. Die sieben Gemeinden der Offenbarung 2 und 3 verbessern den Durchschnitt ebenfalls nicht.

Wir könnten unseren Blick von den Gemeinden auf die einzelnen Gläubigen richten und würden das gleiche feststellen. Da scheint es sogar ernsthafte Schwierigkeiten mit Timotheus, dem engsten Paulusjünger, gegeben zu haben, wie wir in 2. Timotheus lesen. Dieses Buch wurde gegen Ende des

---

4 Ibid.

paulinischen Dienstes geschrieben; man hätte also erwarten können, daß Timotheus zu dieser Zeit einen gewissen Reifegrad erreicht hatte. Wenn Timotheus als Musterschüler im Jüngerschaftstraining des Paulus Probleme hatte, wie steht es da mit dem „Durchschnitts"-Christen?

Selbst Paulus kämpfte darum, nicht verworfen zu werden (1. Korinther 9,27). Er spricht hier nicht über sein ewiges Schicksal, sondern über den Sieg und die Brauchbarkeit im Leben für den Herrn. Zu Hoekemas Ehre muß gesagt werden, daß er die Realität des geistlichen Kampfes erkennt, aber auf der Suche nach dem positiven Selbstbild, nach innen zu schauen, bleibt trotzdem fragwürdig. Die Bibel ermutigt uns nicht dazu. Selbst der geistlich reifste Christ kann nicht selbstsicher vor dem Spiegel des Wortes Gottes stehen und sagen: „Ich bin schön."

Der große Theologe, Charles Hodge, reflektiert:

... selbst der reifste Gläubige muß, solange er im Fleisch ist, täglich um die Vergebung seiner Sünden bitten.... Alle spüren es, und alle müssen es zugeben, daß sie Sünder sind, jedesmal, wenn sie sich in die Gegenwart Gottes begeben; alle wissen, daß sie ununterbrochen das Eingreifen Christi nötig haben und die Zuwendung seines Blutes, um Gemeinschaft mit dem Heiligen zu erlangen. Wie die Schrift zeigt, ist das geistliche Leben des Volkes Gottes bis zum Ende seiner Wanderschaft in dieser Welt eine andauernde Bekehrung, ein fortwährendes Hinwenden zu Gott; wiederholtes Bekennen, Buße tun und glauben; der Sünde sterben, der Gerechtigkeit leben. Davon sind alle Heiligen, Patriarchen, Propheten und Apostel betroffen, von deren geistlicher Erfahrung uns die Bibel etwas berichtet.... Es gibt keine Gottesdienstformen, keine private Andachts-Praktiken zu irgend einer Zeit oder in irgend einem Zweig der Kirche, die nicht ein Sündenbekenntnis und die Bitte um Vergebung enthielten. Die ganze christliche Kirche mit allen ihren Mitgliedern wirft sich vor Gott nieder und sagt: „Erbarme dich über uns arme Sünder."[5]

---

5 Charles Hodge, *Systematic Theology*, 3 Bde. (Grand Rapids: Eerdmans, 1968), 3:245-47, 250.

Bezüglich der Grundlage für diese dringende Notwendigkeit des Sündenbekenntnisses bestätigt Hodge:
> Wir wenden uns an das Gewissen jedes Gläubigen. Er weiß, daß er ein Sünder ist. Er ist nie überzeugt davon, daß er voll und ganz dem entspricht, was er sein sollte. Er mag seine Charaktermängel als Krankheit, Schwächen, oder Irrtümer bezeichnen, und sich weigern, sie Sünde zu nennen. Aber dies ändert nichts an der Tatsache. Unter jeder Bezeichnung ist dies doch das Eingeständnis, daß sie der vergebenden Barmherzigkeit Gottes bedürfen.[6]

Hodge erinnert uns an etwas, das wir alle sehr wohl wissen: daß sogar für die Kinder Gottes der Kampf gegen die Sünde ein verzweifelter ist. Wir denken an die Sehnsucht, der Paulus in Römer 8,22-23 Ausdruck verlieh: „Denn wir wissen, daß die ganze Schöpfung bis zu diesem Augenblick gemeinsam seufzt und in Wehen liegt. Aber nicht nur sie, sondern auch wir selbst, die wir den Geist als Erstlingsgabe haben, seufzen in uns selbst und warten auf die Kindschaft, die Erlösung unseres Leibes." Wie gut verstehen wir Jesaja, der in der Gegenwart Gottes ausrief: „Weh mir, ich vergehe! Denn ich bin unreiner Lippen und wohne unter einem Volk von unreinen Lippen; denn ich habe den König, den HERRN Zebaot, gesehen mit meinen Augen" (Jesaja 6,5).

Wir wollen hier auf keinen Fall die Vergebung Gottes übersehen; doch auch wenn wir im Vertrauen ruhen können, daß uns vergeben worden ist, müssen wir doch noch mit den Narben leben, die unsere Sündhaftigkeit geschlagen hat. Es gibt zerrüttete Familien, verpaßte Gelegenheiten, verlorene Jahre, ruinierte Gesundheit, drogenzerstörte Gehirne, verlorenes Vermögen, schmerzliche Jahre, die nie mehr rückgängig gemacht werden können, und eine ganze Anzahl kleinerer Narben, die die Sünden des Alltags verursachen. Zu dieser traurigen Liste kommt noch die Unehre, die wir dem Namen des Herrn durch unser unchristliches Verhalten bereitet haben.

Noch übergehen wir hier unsere wunderbare Position in

---

6 Ibid., S. 250.

Christus und die Vorteile, die wir haben, weil wir *in* ihm sind. Doch das ändert nichts an der Realität unseres Tuns und seiner Auswirkung auf unsere Beziehung zum Herrn, zu den anderen und auf unser eigenes Leben.

Wenn wir unser Tun als eine solide Quelle gesunder Selbstliebe betrachten wollen, müssen wir bestürzt feststellen, daß unsere Leistungen mangelhaft sind. Mein größtes Hindernis, auf Leistungsbasis ein gutes Selbstbild zu erstellen, bin ich selbst. Wenn ich in mein Inneres schaue, sehe ich vieles, was mir nicht gefällt: falsche Einstellung und Motive, Schwächen und Neigungen zur Sünde. Wenn ich dann sehe, wie diese Charakterfehler zu fehlerhaften Leistungen beitragen, kann ich schwerlich vor dem Spiegel des Wortes Gottes stehen und sagen: „Ich bin schön."

Kapitel 12:

Die Gefahr der Selbstliebe

Haben Sie je darüber nachgedacht, wie es klingen würde, wenn jemand die Gedanken in Worte faßte, die die Ich-Theorie lehrt? Nehmen wir als Beispiel das skandinavische Mädchen bei Trobisch. Nehmen wir an, er sei erfolgreich gewesen und habe ihr helfen können, ihre Schönheit richtig einzuschätzen. Am Abend trifft sie sich dann mit ihrem Freund. Sie gehen aus und sie teilt ihm ihre neue Entdeckung mit: „Niels, heute ist mir bewußt geworden, daß ich ein wunderschönes Mädchen bin. Ich begreife jetzt, daß ich ein ausgesprochen apartes Gesicht habe, liebliche Augen und ein ansteckendes Lächeln."

Oder stellen wir uns Jörg vor, wie er nach einem erfolgreichen Fußballspiel, bei dem er seiner Mannschaft zum Sieg und zum Aufstieg in die nächst höhere Klasse verholfen hat, bemerkt: „Es tut gut zu wissen, daß man etwas kann. Eigentlich habe ich schon immer gewußt, daß ich ein toller Spieler bin. Ich spiele wirklich ausgezeichnet. Ich finde mich einfach gut."

Vielleicht wendet jemand ein, daß man sich schon wertschätzen kann, solange man nicht offen darüber spricht. Aber wenn es in Ordnung ist, solche Gedanken zu denken, weshalb sollten sie dann nicht ausgesprochen werden? Vielleicht liegt die Antwort darin, daß die gesprochenen Worte die wahre Natur der Sache aufdecken. Zu wissen, daß jemand so über sich denkt, würde den meisten Leuten unziemlich vorkommen. Was wäre, wenn Niels wüßte, daß seine Freundin so über sich denkt? Was wäre, wenn jeder vermutete, daß Georg solche Gefühle mit sich herumträgt? Was wäre die Reaktion? Die meisten Leute würden dies wahrscheinlich Stolz nennen.

Mancher wendet hier ein, daß nur unsere Kultur so denkt. Das heißt, das Christentum und andere Kräfte haben eine Haltung der Anti-Selbstwertschätzung gefördert. Doch es muß ernsthaft erwogen werden, ob es nicht doch Stolz ist, der hier im Spiele ist. Im Tageslicht der Realität wird man sein wahres Gesicht erkennen können, ganz gleich, welche Rechtfertigung anhand der Ich-Theorie angeführt wird. Natürlich versichern die säkularen und evangelikalen Bücher über die Selbstliebe eifrig, daß Selbstliebe kein Stolz ist. Die defensive Haltung an diesem Punkt kommt einem unbewußten Eingeständnis der Tatsache gleich, daß die breite Masse und die Kirche generell bis vor kurzem diese Einstellung noch hatten.

Diese negative Reaktion ist auch ersichtlich in William James' Beschreibung. Der Leser wird sich erinnern, daß wir die Kategorie, die er als „Selbstgefühl" bezeichnete, mit der „Selbstliebe" zeitgenössischer Wortführer identifiziert haben. Einer der sinnverwandten Begriffe, die er gebrauchte, um positives Selbstgefühl zu beschreiben, war „Selbstwertschätzung", ein Wort, das heute überall in der Literatur der Ich-Theorie steht. Außer dem Wort Selbstwertschätzung gebrauchte James eine Anzahl von anderen Begriffen, mit denen eine negative Assoziation verbunden ist, um positive Gefühle auszudrücken, wie zum Beispiel „Stolz, Überheblichkeit, Einbildung, Arroganz, Ehrsucht." Andererseits gebrauchte James Begriffe wie „Bescheidenheit, Demut, Verwirrung, Zaghaftigkeit, Scham, Demütigung, Reue, Schmachgefühl und Hoffnungslosigkeit des einzelnen", um negative Selbstgefühle zu beschreiben. Manche dieser sinnverwandten Begriffe sind aus biblischer Sicht positiv, manche nicht. Es hat aber den Anschein, als ob James den Menschen mit ausgeprägten Selbstgefühlen als stolz einstuft, und den Menschen mit geringen Selbstgefühlen als demütig.

Die Diskrepanz zwischen der Beurteilung bei James und bei den modernen Schriftstellern besteht nicht darin, daß sie von einem anderen Phänomen sprechen, sondern daß sie dasselbe Phänomen aus ethischer Sicht verschieden beurteilen. James, der ein Jahrzehnt vor der Jahrhundertwende geschrieben hat, drückt aus, was man zu seiner Zeit von einem Menschen hielt, der mit sich selbst rundum zufrieden war. In der existentialistischen Atmosphäre der modernen Szene aber ist derjenige ein Außenseiter der Gesellschaft, der *nicht* mit sich zufrieden ist.

Der biblische Rahmen

Die Frage ist: Welche Einstellung ist richtig? Wir haben gesehen, daß die Schrift sich zu diesem Thema klar zu Wort meldet. Wenden wir uns wieder 2. Timotheus 3,1-5 zu. Der Begriff „schlimme Zeiten" bedeutet Jahreszeiten oder Zeitperioden, die dadurch gekennzeichnet sind, daß sie hart, schwierig, rauh oder grimmig sind. Was diese Zeiten so hart macht, sind die Sünden, die in der nachfolgenden Liste von Paulus aufgezählt werden, an deren Anfang „sich selbst lieben" steht. Wir haben gezeigt, daß das griechische Wort an dieser Stelle eine Wortkombination ist, die aus dem Begriff für „Selbst" und *philia* besteht, einer Art zu lieben, wie sie von der modernen Ich-Theorie beschrieben wird, eine Art Gefühlsliebe.

Paulus stellt die Selbstliebe als schwere Gefahr dar. Sie ist nicht nur eines der Zeichen der letzten Tage, sondern Paulus sieht sie anscheinend als führendes Zeichen an; die anderen aufgelisteten Sünden könnten gut ihre Nebenprodukte sein. Wir wollen diese Möglichkeit später näher untersuchen.

Was ist das Herzstück der Selbstliebe? Wir haben unterstellt, daß es Stolz ist. Wieso finden wir dann Hochmut ebenfalls in der erwähnten Stelle (Vers 2)? Im griechischen Neuen Testament gibt es verschiedene Wörter, die sich auf den Stolz beziehen, jede beleuchtet einen anderen Aspekt. Das Wort in 2. Timotheus 3,2 hat den Menschen im Auge, der sich besser als andere dünkt. Ob die Selbstliebe dazu führt, ist eine Frage, die später behandelt wird, aber diese spezifische Erscheinung ist nicht das Herzstück der Selbstliebe.

Was ist eigentlich die hervorstechendste Eigenschaft des Stolzes? Ein Schriftsteller sagt, daß der Stolz hauptsächlich die Verweigerung des Menschen darstellt, von Gott abhängig zu sein, und statt dessen „... sich selbst die Ehre zuschreibt, die Ihm gebührt..." Interessanterweise wurde bei den griechischen Philosophen der Stolz als Tugend und die Demut als Laster eingestuft.[1]

Wenn wir zwei Definitionen der entgegengesetzen Eigenschaft, der Demut, betrachten, so ist hier dasselbe Thema im Blickpunkt, nämlich das Bedürfnis des Menschen, Gott die Ehre zu geben, die Ihm gebührt. Vernon Grounds beschreibt die Demut als

... die dem menschlichen Geschöpf zukommende Haltung gegenüber seinem göttlichen Schöpfer. Sie ist die spontane Anerkennung der absoluten Abhängigkeit des Geschöpfes von seinem Schöpfer, bereitwilliges, ungeheucheltes Eingeständnis der Schuld, die den selbst-existenten Seienden von dem völlig abhängigen Geschaffenen trennt; Kierkegaards „unendlich qualitativer Unterschied zwischen Gott und Mensch." Sie ist die kniegebeugte Haltung eines ehrfürchtigen, dankbaren Bewußtseins, daß Existenz ein Geschenk der Gnade ist, jener unergründlichen Barmherzigkeit, die den Menschen von einem Augenblick zum anderen vor dem Zurückfallen ins Nichts bewahrt, nachdem sie ihn aus dem Nicht-Sein gerufen hat. Es ist Demut, die in Abrahams Bekenntnis zum Ausdruck kommt, er sei nur „Erde und Asche" (1. Mose 18,27. Derselbe Gedanke kommt in Paulus' scharfer Zurechtweisung der aufgeblasenen Korinther zum Ausdruck, daß nämlich der Mensch vor Gott immer als Empfangender, als Bettler steht, dessen Hand leer ist, bis göttliche Wohltätigkeit sie füllt (1. Korinther 4,6.7).[2]

An anderer Stelle wird sie präzise beschrieben als Eingeständnis des Gläubigen, „...daß er alles, was er hat und ist, dem Dreieinigen Gott verdankt, der dynamisch in seinem Interesse tätig ist. Dann stellt er sich bereitwillig unter die Hand Gottes (Jakobus 4,6-10; 1. Petrus 5,5-7). Demut sollte also

---

[1] D.H. Tongue, „Pride," *The New Bible Dictionary*, ed. J.D. Douglas (Grand Rapids: Eerdmans, 1962), S. 1027.
[2] Vernon C. Grounds, „Humility," *The Zondervan Pictorial Encyclopedia of the Bible*, ed. Merrill C. Tenney, 5 vols. (Grand Rapids: Zondervan, 1975), 3:222

nicht mit einem frommen Minderwertigkeitskomplex verglichen werden. Sie kann vorgetäuscht werden von falschen Lehrern (Kolosser 2,18;23) durch Akte der Selbsterniedrigung."[3]

Überall im evangelikalen Schrifttum über die Selbstliebe ist eine Ambivalenz vorhanden, die sich aus der versuchten Beweisführung ergibt, daß der Mensch autonome Würde und Fähigkeiten hat, unter gleichzeitigem Festhalten der biblischen Lehre seiner totalen Abhängigkeit von Gott. Dieser Zwiespalt wird deutlich in Aussagen wie der folgenden: „Das rechte christliche Selbstbild... deutet nicht auf Stolz in uns, sondern rühmt sich in dem, was Christus für uns getan hat und weiter tut.[4] Aber wenn es Christus ist, der alles für uns getan hat und fortfährt, für uns zu wirken, warum sollten wir dann unseren Blick nicht weg von uns, als Empfänger Seiner Gnade, und statt dessen auf Christus selbst richten? In diesem Beispiel wie in anderen steckt ein gemeinsamer Irrtum – der mehr oder weniger entschlossene Versuch, dem Menschen die Ehre zuzuschreiben, die von Rechts wegen Gott gehört.

Sobald wir die Selbstliebe im wesentlichen als Stolz erkennen, können wir feststellen, daß sich die Bibel zu dem Problem auf verschiedene Weise äußert. Wir sehen Selbstliebe in der Geschichte des Zollbeamten und des Pharisäers (Lukas 18,9-14). Wenn Befürworter der Selbstliebe die Beziehung zum Pharisäer abstreiten wollen, möchten sie sich andererseits gewiß nicht mit dem Zollbeamten identifizieren. Wir sehen auch eine Ablehnung der Selbstliebe ganz zu Anfang der Seligpreisungen in den Worten: „Selig sind, die geistlich arm sind" (Matthäus 5,3). Diese Aussage unseres Herrn verträgt sich nicht mit einem hohen Gefühl der eigenen Wertschätzung. Die Bibel enthält außerdem direkte Aussagen wie Sprüche 25,27: „Zuviel Honig und zuviel Ehre bekommen dir nicht" (GN), oder Sprüche 27,1: „Laß dich von einem anderen loben und nicht von deinem Mund, von Fremden und nicht von deinen eigenen Lippen."

---

[3] Frederic R. Howe, „Humility." *Wycliffe Bible Encyclopedia*, ed. Charles F. Pfeiffer, Howard F. Vos, and John Rea, 2 vols. (Chicago: Moody, 1975), S. 821.
[4] Anthony A. Hoekema, *The Christian Looks at Himself* (Grand Rapids: Eerdmans, 1975), S. 57.

Versuchen säkulare Ich-Theoretiker ebenfalls zu leugnen, daß ihr Begriff der Selbstliebe sich im Stolz manifestiert? Hier scheinen wir uns in einer Art Sackgasse zu befinden. James erachtete positive Selbstgefühle oder Selbstwertschätzung als Stolz, aber moderne Ich-Theorie beurteilt sie vorteilhaft. James mag durch den christlichen Einfluß seiner Zeit voreingenommen gewesen sein, wie die modernen Ich-Theoretiker sich vom Existentialismus leiten ließen.

Adlers Theorie der Minderwertigkeit

Um diese Gespaltenheit im säkularen Denken zu verstehen, müssen wir uns eine Schlüsselfigur unter den Theoretikern ansehen, den Neo-Freudianer Alfred Adler. Adlers Persönlichkeitstheorie drehte sich um die Idee, daß *alle* Menschen Minderwertigkeitsgefühle haben. Er schreibt: „Mensch zu sein bedeutet, sich minderwertig zu fühlen."[5] Daher betrachtete er es als das Hauptziel der Persönlichkeit, Überlegenheit zu schaffen, nicht im Sinne vom Bestreben, besser als ein anderer zu sein, sondern als Erreichen einer gewissen Vollkommenheit (eine Unterscheidung, die die meisten Ich-Theoretiker aufrechterhalten).

Dieser Gedankengang enthält aber eine sehr bedeutende unausgesprochene Vorstellung. Wenn zum Menschsein gehört, daß man sich minderwertig fühlt, dann gehören Überlegenheitsgefühle der falschen Sorte (Stolz) logischerweise nicht zum Menschsein. Ein Ergebnis dieser Denkweise ist die „Diagnose", die wir oft hören, wenn jemand sich stolz gebärdet: „Er versucht einfach, seinen Minderwertigkeitskomplex zu verbergen." Es scheint eine nette Art zu sein, den Leuten diesen Ausweg einzuräumen, wo es um den Stolz geht. (Problematisch ist natürlich, daß die Bibel vom Stolz als echtem Problem spricht, nicht einfach als Fassade, um eine Minderwertigkeit zu verbergen. Wir lesen wirklich wenig in der Schrift über das Problem der Minderwertigkeit, aber sehr viel wird gesagt über die Sünde des Stolzes.)

---

5 Duane Schultz, *Theories of Personality* (Monterey, Calif.: Brooks/Cole, 1976), S. 51.

Wir können uns vorstellen, mit welcher Begeisterung Adlers Theorie von der modernen Psychologie aufgenommen wurde, weil sie mit dem Problem des menschlichen Stolzes aufräumt. Vielleicht sind Psychologen wie Fromm und Rogers deshalb so erpicht darauf, daß die Leute Selbstwertschätzung entwickeln, während Leute mit zu viel Selbstwertschätzung sie nicht stören. Dieselbe einseitige Betonung gibt es unter den evangelikalen Ich-Theoretikern trotz der biblischen Warnung gegen übermäßigen Stolz. Jene Autoren scheinen wenig oder keine Sorge zu haben, daß ihre Ermutigung zur Selbstliebe übermäßigen Stolz produzieren könnte.

Maslows Beobachtungen

Ein zeitgenössischer Psychologe, der eine bedeutende Datenbank für seine Ergebnisse geschaffen hat, ist Abraham Maslow. Maslow gehört zu den Begründern der humanistischen Psychologie. Für ihn ist die Wertschätzung ein Stadium in seiner Hierarchie der Bedürfnisse. Über mehrere Jahre hinweg machte er faszinierende Studien, die in einem Buch mit dem Titel *Dominance, Self-Esteem, Self-Actualization* zusammengefaßt sind. Maslow glaubt, daß Selbstwertschätzung mit Dominanz-Gefühlen verwandt ist. Zum Beispiel beschreibt er in einer Studie Dominanz-Gefühle mit sinnverwandten Begriffen wie „Selbst-Wertschätzung, Selbst-Vertrauen, und hohe Selbst-Achtung." Dies scheinen genau dieselben Begriffe zu sein, die Rogers und evangelikale Ich-Theoretiker im Auge haben, wenn sie von Selbstwertschätzung oder Selbstliebe sprechen.[6]

Nach Maslow geschieht folgendes, wenn zwei Menschen in eine Beziehung zueinander treten: derjenige mit den stärkeren Dominanz-Gefühlen wird sich „Dominanz" aneignen. Der andere wird eine untergebene Haltung einnehmen. Am Beispiel der Ehe, in der die Frau dominiert, bemerkt er

---

6 Richard J. Lowry, ed., *Dominance, Self-Esteem, Self-Actualization: Germinal Papers of A.H. Maslow* (Monterey, Calif.: Brooks/Cole, 1973, S. 106–7.

„...sie ist selbstbewußter in ihrem Benehmen, bekommt, was sie will, öfter als ihr Mann, fühlt sich ihm überlegen, fühlt sich allgemein stärker als er und respektiert sich mehr als ihn."[7]

Man achte genau auf das, was Maslow hier ausdrückt. Seine Beobachtungen führen zu dem Schluß, daß ein stärkeres Gefühl der Selbstwertschätzung einen Menschen dem anderen gegenüber überlegener sein läßt, er respektiert sich mehr als die Person mit der geringeren Selbstwertschätzung, was oft dazu führt, daß er seinen Willen gegen den Willen des anderen durchsetzt. Maslow entwickelte diesen Begriff nach ausgedehnten, sorgfältigen Beobachtungen; seine Schlußfolgerung könnte daher vertrauenswürdiger sein als die Spekulationen von Leuten wie Erich Fromm.

Daß wir Maslow zitiert haben, bedeutet nicht, daß er zu denselben Schlüssen kommt, die wir gezogen haben; er spricht nicht die moralischen, und keinesfalls die biblischen, Auswirkungen seiner Ergebnisse an. Es ist aber interessant, daß er als humanistischer Psychologe die Selbstwertschätzung völlig anders sieht als Rogers.

Die Ergebnisse Maslows deuten darauf hin, daß starke Selbstwertschätzung ein Grundgefühl der Überlegenheit erzeugt. Und damit ist keinesfalls die harmlose Überlegenheit gemeint, die Adler beschreibt, sondern eine, die ganz sicher mit dem Stolz verwandt ist und dazu neigt, zur Selbstsucht zu führen.

Maslows Beobachtungen sind nützlich, um den Mythos der Ich-Theorie, säkular wie evangelikal, zu sprengen, daß einer, der mit sich selbst zufrieden ist, bestrebt ist, natürlicherweise ein Segen für andere zu sein, weil er von seinem mangelnden Selbstwertgefühl befreit wurde. Es scheint logisch, daß einer, der sehr mit sich zufrieden ist, darauf bedacht ist, sich selbst zufriedenzustellen. Realistisch ausgedrückt, erleben wir das als alltägliche Wahrheit. Die Selbstliebe *(philia)*, die von der Ich-Theorie gefordert wird, führt zu übermäßiger Selbst-Beschäftigung. Da wird der Nächste nicht geliebt *(agape)*, wie man sich selbst liebt, im Sinne von Wollen und Handeln, son-

---

7 Ibid., S. 50

dern *weniger als* sich selbst. Wir erinnern uns, daß die *agape* Selbstliebe des Nächsten-Bibelzitats Teil der natürlichen menschlichen Veranlagung ist. Als solche muß sie in Schach gehalten werden, damit sie die Interessen unseres Nächsten nicht vernachlässigt. Wenn aber die Selbstliebe sich selbst dem Nächsten vorzieht, so ist das Selbstsucht und darum Sünde. Wir können die Ich-Theorie nicht von ihrem existentiellen Fundament trennen, das eine übermäßige Selbstliebe einschließt.

Die „Ich"-Generation

Paul Vitz verbindet die „Ich"-Orientierung unserer Gesellschaft konkret mit der Lehre der Ich-Theorie. Als Beweis dieser Verbindung führt er folgende Werbung aus *Psychology Today* an: „ICH LIEBE MICH. Ich bin nicht eingebildet. Ich bin nur ein guter Freund von mir. Und ich tue gern, was mir gute Gefühle gibt..."[8] Das ist das gewöhnliche Dementi, daß Selbstliebe nichts mit Stolz zu tun hat. Tatsache ist aber, daß Selbstwertschätzung nicht zum Dienst an anderen führt, sondern zum Dienst am Ich. Die Behauptung des Gegenteils scheint eine eher substanzlose Rechtfertigung für die Selbstliebe zu sein. Man könnte einwenden, daß ein Mensch mit einem schlimmen Selbstbild der Gesellschaft nicht helfen kann, weil er zu sehr mit seinen eigenen Problemen beschäftigt ist. Das mag stimmen, aber es entkräftet nicht die Einwände gegen übermäßige Selbstliebe. Es ist dem Argument ähnlich, daß der Mann, der den ganzen Tag im Body-Center verbringt und Gewichte hebt und dann seine Muskeln bewundert, mehr Gutes tun kann für andere, als der Mensch im Krankenhausbett. Damit beginge man die logische Ungereimtheit, ein Extrem als richtig beweisen zu wollen, indem man das andere Extrem als falsch beweist. Außerdem setzt es nur zwei

---

8 Paul Vitz, *Psychology as Religion: The Cult of Self worship* (Grand Rapids: Eerdmans, 1977), S. 57, 62.

Möglichkeiten voraus: ein sehr gutes Selbstbild oder ein sehr schlechtes.

Die Schlußfolgerung von Vitz ist ebenfalls erhärtet durch die Tatsache, daß sofort nach dem Durchbruch der Selbstliebe Bestseller wie *Looking Out for Number One* (Sich um die Hauptperson kümmern) erschienen sind und eine starke Betonung auf der Selbstbehauptung lag, dem letzten Schlagwort in der profanen Psychologie. Solche Entwicklungen, die der Integration der Selbstliebe auf dem Fuße folgten, zeigen trotz aller Dementis, daß eine überhebliche Einstellung und alles, was mit ihr einhergeht, das Herzstück der Selbstliebe sind.

Wir müssen daraus schließen, daß die moderne Selbstliebe-Bewegung tatsächlich viele unangenehme Nebenprodukte produziert hat. Ein Blick auf 2. Timotheus 3 überzeugt, daß es keiner großen Phantasie bedarf, die aufgelisteten Punkte – wie geldgierig, prahlerisch, hochmütig, den Lebensgenuß mehr als Gott lieben, und so fort – als Auswüchse der Selbstliebe zu sehen sind. Aber die größte Gefahr der Selbstliebe zeigt sich für uns in der vielleicht unbeabsichtigt gegebenen Definition für Selbstliebe von Robert Schuller: „Sie ist ein göttliches Bewußtsein persönlicher Würde. Sie ist das, was die Griechen Ehrfurcht vor dem Selbst nannten. Sie ist ein bleibender Glaube an dich selbst. Sie ist ein aufrichtiges Vertrauen in dich selbst."[9] Göttliches Bewußtsein, Ehrfurcht, Glaube und Vertrauen sind alles Worte mit ausgeprägt religiöser Bedeutung (ein Punkt, den Vitz in *Psychology as Religion: The Cult of Self-Worship* offen anspricht). Die größte Gefahr der Selbstliebe ist die Selbst-Verehrung, Götzendienst mit dem Ich als Götzen, das genaue Gegenteil der rechtmäßigen Seligkeit, die vom arm sein im Geiste kommt. Die Selbstliebe führt zum Stolz gegen Gott und zur Selbstsucht.

Wir müssen offen die Frage stellen: Wenn die Selbstwertschätzung nicht biblisch ist, was ist sie dann? Wenn es Stolz ist, der sich selbst liebt, sollten wir dann bestrebt sein, uns

---

9 Robert Schuller, *Self-Love: Dynamic Force of Success* (New York: Hawthorne Books, Inc., 1969), S. 32.

zu mißbilligen? Sind *dies* die einzigen Alternativen? Davon scheinen fast alle Ich-Theorien auszugehen. Aber wir glauben, daß die Bibel eine erstaunlich einfache und erfrischende dritte Alternative lehrt.

Kapitel 13:

Eine biblische Alternative

Wir müssen einräumen, daß die Ich-Theorie an einem Punkt zumindest einen nachhaltigen Akzent gesetzt hat. Aus biblischer Perspektive können wir uns ebenfalls nicht vorstellen, daß Gott ein Leben der Selbstgeißelung für uns geplant hat. Eine „Wehe mir"-Einstellung soll unseren Alltag gewiß nicht charakterisieren.

Wir hätten von einem menschlichen Standpunkt aus ebenfalls folgern können. Ein Mensch, der sich dauernd seines Versagens und seiner Schuld bewußt ist, wird wahrscheinlich kein guter Ehepartner, Vater, Nachbar oder reifer Christ werden können.

Weil eine tief empfundene niedrige Selbsteinschätzung so zerstörerisch wirkt, können wir verstehen, weshalb viele Menschen in dieser Situation die Selbstliebe als Alternative willkommen geheißen haben. Rein menschlich gesehen, ist sie eine Alternative. Ein Mensch, der viel von sich hält, kann sich erfolgreicher und mit weniger traumatischen Wunden durchs Leben boxen als einer, der nicht viel von sich hält. Es ist daher kein Wunder, daß die Ich-Theorie in säkularen wie evangelikalen Kreisen so populär geworden ist. Es überrascht auch nicht, daß überzeugte Vertreter in beiden Lagern behaupten: „Es funktioniert, ich weiß es; mir hat es geholfen." Zweifellos hat es das und zwar derart, daß die alten Symptome der Minderwertigkeit, Furchtsamkeit und des Beherrschtwerdens verschwunden sind oder zumindest nicht mehr so akut sind.

Es fragt sich aber, ob es Gottes Plan entspricht, daß wir so durch's Leben gehen. Würde er eine solche Lösung für niedrige Selbsteinschätzung anbieten? Es ist außerdem zweifelhaft, ob wir das Problem tatsächlich gelöst haben oder nur bestimmte Symptome durch andere ersetzt haben. In der Medizin weiß man von „Heilungen", deren Nebenwirkungen fast genauso zerstörerisch sind, wie die Krankheit selbst. Übermäßige Selbstliebe könnte ja genauso schädlich oder noch schädlicher sein, als eine niedrige Selbsteinschätzung, aber ihre Symptome sind eben gesellschaftsfähiger und deshalb nicht so auffällig in jenem Wertsystem, das wir übernommen haben.

Es wurde angedeutet, daß 2. Timotheus 3,1-5 nichts anderes als eine Liste der Nebenprodukte der Selbstliebe sei. Aus biblischer Perspektive sind diese Dinge Grund zur Besorgnis. Aber wir sollten wissen, daß unsere Gesellschaft sie höchst wahrscheinlich nicht allzu schlecht einstuft. Viele von ihnen werden akzeptiert und auch integriert.

Ein Grund, weshalb die Bibel so viel über den Stolz und so wenig über das niedrige Selbstwertgefühl zu sagen hat, mag darin liegen, daß ein Mensch, der unter letzterem leidet, den Schmerz verspürt und weiß, daß er Hilfe braucht, wogegen der Mensch, der im Stolz lebt, sich in einer weitaus bequemeren Situation befindet. Die Stolzen behaupten sich, dominieren andere, bekommen, was sie wollen (wenn nötig, auf Kosten der anderen) und werden dafür von anderen noch gelobt aus Furcht und mit Rücksicht auf ihren Reichtum und ihre Macht.

Wir räumen also ein, daß der stolze Mensch mit seinem ausgeprägten Selbstgefühl in diesem Leben besser vorankommt, aber er tut es auf eine Weise, die die Bibel weder lehrt noch empfiehlt. Wir haben ebenfalls festgestellt, daß die Antwort nicht in einem Leben mit geringer Selbsteinschätzung liegen kann. Gibt es eine dritte Alternative?

Eine Alternative zur Selbstliebe

Vielleicht können ein paar Beispiele zu Beginn helfen, unseren Blick auf dieses neue Thema zu lenken. Ich werde nie den Neujahrstag 1978 vergessen. Die University of Arkansas Razorbacks waren zum Spiel in der Orange Bowl zugelassen worden. Was die Begeisterung noch höher schlagen ließ, war die Tatsache, daß der Gegenspieler Oklahoma war, ein alter, erbitterter Rivale. Als wäre das noch nicht genug, wurden vor dem Spiel mehrere Arkansas-spieler wegen Fehlverhaltens aus dem Team ausgeschlossen. Die Wellen der Empörung schlugen hoch, aber es blieb dabei. Was als tiefe Rivalität angefangen hatte, wurde nun zum „Heiligen Krieg," um festzustellen, ob sich richtiges Verhalten auszahlte.
Gleich vom ersten Ballstoß an ging Arkansas in Führung und fegte über das Feld, auf und ab; es schien, als ob keiner sie aufhalten konnte. Mitten in der knisternden Atmosphäre vergaß meine gebildete Frau zeitweise ihre ganze vornehme Kinderstube und fing an, dem Trainer, den Spielern und gelegentlich auch dem Schiedsrichter Anweisungen zuzurufen. Wenn ich auf dieses Ereignis zurückschaue, kann ich ihre Reaktion am besten beschreiben, wenn ich sage, sie „vergaß sich selbst" völlig.

Es hat mich als Lehrer der Homiletik immer wieder erstaunt, wie der ernste, unbewegliche, steife Student, der jeden in der Klasse einschläferte, derselbe junge Mann sein konnte, der am Abend zuvor im Wohnheim im Kreise seiner Freunde in ausgezeichneter homiletischer Form deklarierte. Worin lag der Unterschied? Im Klassenzimmer war er gehemmt, weil selbst-"bewußt", aber im Wohnheim war er „selbst-vergessen."

Nun spreche ich hier nicht von einem Menschen, der alle Hemmungen über Bord wirft und seinen Instinkten freien Lauf läßt. Ich meine hier ein bewußtes Konzentrieren auf eine bestimmte Sache. Meine Frau hatte sich völlig ins Spiel vertieft. Der Student im Wohnheim konzentrierte sich auf die Botschaft an seine Freunde. Was geschah aber im Klassenzimmer? Jeder Blick war auf ihn gerichtet, so fing er an, ein paar Fragen an sich selbst zu stellen: „Wie sehe ich aus?"

„Was hält man von mir?" „Werde ich mich an mein Konzept erinnern?" „Wie sind meine Gesten?" Er wurde sich seiner selbst „bewußt."

Hier geht es darum, daß es dem Menschen möglich ist, „sich zu verlieren" an das, was er tut. Ist das gut oder schlecht? Im Fall des Studenten war es gut, weil er sein Besorgtsein um sich selbst verlor und so sein individuelles und natürliches Temperament an die Oberfläche kam.

Die oben beschriebene Situation illustriert in etwa die Alternative zur Selbstliebe, die wir anbieten. Wir glauben, daß die biblische Alternative darin besteht, *überhaupt kein Selbstbild* zu haben, statt sich mit so großem Aufwand um ein bestimmtes Selbstbild zu sorgen. Dieser Idee liegt die Tatsache zugrunde, daß sowohl Selbstliebe wie auch Selbsthaß auf das Ich ausgerichtet sind. Wie wir noch sehen werden, ist dieser nach innen gerichtete Blick zerstörerisch, wogegen der Blick auf andere produktiv ist. Indem wir die Blickrichtung unseres emotionalen Engagements von innen nach außen verändern, heben wir die zerstörerischen Auswirkungen der eogistischen Gefühle auf und erfahren den Segen eines ganz auf den anderen ausgerichteten Engagements.

Wenn diese Einstellung nicht nur hin und wieder zum Ausdruck käme, sondern zum Lebens*stil* würde; wenn das Engagement und die Sorge für die anderen so intensiv würden, daß wir uns „selbst vergäßen;" wenn die tägliche Arbeit so von Herzen geschähe, daß man sich selbst dabei gar nicht bemerkte; und wenn man sich nach der Arbeit in der Gemeinschaft mit dem Herrn ganz „verlieren" würde; *dann* könnte man aufhören, sich um sein Selbstbild zu sorgen. Ja, man hätte gar keines! Wichtig ist, sich auf andere zu konzentrieren, und die negativen Symptome einer ausgeprägten wie auch einer niedrigen Selbsteinschätzung werden verschwinden.

Eine gerechtfertigte Frage ist, ob ein solches Ziel überhaupt verwirklicht werden kann. Ist es unrealistisch, so etwas überhaupt vorzuschlagen? Wir meinen nicht, denn wie wir sehen werden, ruft die Bibel uns zu einem mitmenschlich-orientierten Lebensstil auf. Ein solches Leben hat seinen Blick einzig und allein auf den Herrn, die anderen, und die Berufung vom Herrn gerichtet.

Um klarzustellen, was wir meinen, möchten wir hervorheben, was wir unter mitmenschlich-orientiertem Lebensstil oder der Verbannung eines Selbstbildes aus unserem Bewußtsein *nicht* meinen. Erstens sprechen wir hier nicht von einer völligen Eliminierung jeglicher Selbst-Analyse. Diese ist ein wichtiger Aspekt im Leben. In Römer 12,3, einem vielfach mißverstandenen Vers, ruft uns Paulus auf, unsere Fähigkeiten zum Dienst zu bewerten (nicht, uns in guten Selbstgefühlen zu ergehen). Wir *müssen* unsere Leistung bewerten, um unser Leben effektiv für den Herrn zu gestalten.

Aber wie William James hervorgehoben hat, gibt es eine wichtige Unterscheidung zwischen dieser Art von Bewertung und Selbstgefühlen bzw. Selbstwertschätzung. Selbstbewertung ist mehr ein objektiver Prozeß, wogegen Selbstwertschätzung beinahe ausschließlich subjektiv ist. Die eine prüft unsere Kompetenz in einem bestimmten Bereich bzw. wie gut wir eine bestimmte Aufgabe gelöst haben, die andere hat mit unserem Wert oder unserer Position zu tun. Bei James sind dies voneinander verschiedene Kategorien, die nicht miteinander verwandt sein müssen.

Ferner, wenn wir von mitmenschlich-orientiertem Lebensstil sprechen, meinen wir nicht die totale Auslöschung des Selbstbildes, sondern die Auslöschung des Selbstbildes *in unserem Bewußtsein*. Nehmen wir z.B. an, daß ein Mensch, der über sich nachdenkt, eine Neigung zu negativen Selbstgefühlen hat. Wir meinen nicht, daß diese Neigung unbedingt zu leugnen oder zu ändern wäre, sondern unser Ziel ist der Blick nach außen, so daß die negative Neigung nicht dauernd aktiviert wird.

Es sollte inzwischen klar geworden sein, daß die oben vorgeschlagene Methode sich gründlich unterscheidet von der Methode, die die Ich-Theorie gewöhnlich anbietet. Hoekema ist ein typischer Vertreter jener Methode, wenn er ausführt: „Eine solide Selbstwertschätzung ist die Voraussetzung dafür, daß wir uns mehr um die Ehre des anderen kümmern, als um unsere eigene." Mit anderen Worten, der Mensch mit geringem Selbstwertgefühl muß es drastisch erhöhen, bevor er erwarten kann, anderen zu dienen.

Diese Schlußfolgerung können wir nicht gelten lassen, zumindest in zwei Punkten. Erstens gibt es keine biblische Rechtfertigung für eine solche Ursache und Wirkung, wie sie oben behauptet wird. Außerdem ist es fragwürdig, bis zu welchem Grad die Ich-Theorie tatsächlich das Selbstwertgefühl eines Menschen verändern kann. Manche Psychologen sind zu dem Schluß gekommen, daß sich das Selbstbild des Menschen nicht wesentlich verändert, nachdem ihm gezeigt wurde, daß er keine objektive Basis für ein niedriges Selbstgefühl hat.

Die Frage nach der Durchführbarkeit des mitmenschlichorientierten Lebensstils ist bereits gestellt worden. Wir geben zu, daß er nicht einfach ist, und wir brauchen dafür unbedingt die Kraft des innewohnenden Heiligen Geistes. Es mag sogar scheinen, als ob dies ein unmöglich zu erreichendes Ziel sei, und im absoluten Sinn trifft dies vielleicht sogar zu. Aber dasselbe könnte vom gesamten christlichen Leben behauptet werden. Das ist aber kein Grund, den „guten Kampf" des Glaubens aufzugeben.

Wir sollten uns stets daran erinnern, daß wir in keiner Situation sündigen *müssen*. Gott kann uns die Kraft zur Überwindung des Hindernisses oder der Versuchung geben, und er kann das immer wieder tun. Das Ideal des mitmenschlichorientierten Lebensstils kann auf diese Weise angegangen werden. Wenn es jetzt, in diesem Augenblick, möglich ist, dann ist es im nächsten genauso möglich. Mehr noch, die menschliche Aussichtslosigkeit der Aufgabe ist kein Hindernis, weil Gott uns sowieso schon zu einem menschlich unmöglichen Leben gerufen hat!

Kapitel 14:

Der Beweis aus der Schrift, Teil I

Nun wollen wir uns der biblischen Untermauerung für unsere Alternative zur Selbstliebe zuwenden. Sobald wir einige Hinweise, einige Wegweiser, entdecken können, die uns zeigen, daß wir uns auf dem richtigen Weg befinden, können wir auf festem Boden eine gründliche Behandlung unseres Themas vornehmen.

Einige biblische Wegweiser

Ein Hinweis ist das Fehlen irgend einer positiven Lehre über die Selbstliebe, worauf wir bereits früher hingewiesen haben. Natürlich ist dies an sich kein ausreichender Beweis für unsere Theorie, aber immerhin ist es wert, noch einmal gesagt zu werden. Zumindest ist es eine starke Ermutigung, mit der Suche fortzufahren.

Ein zweites Argument ist, daß ein mitmenschlich-orientierter Lebensstil die einzig vernünftige Möglichkeit ist, die uns noch bleibt. Übermäßige Selbstliebe wird in 2. Timotheus 3 verurteilt, und obwohl wir einige biblische Grundlagen für ein schlechtes Selbstbild gesehen haben, lehrt uns die Bibel nicht, daß wir nach Gottes Willen ständig unter der Wolke unserer Verfehlungen und der Narben, die sie hinterlassen, leben müssen. Wir schließen daraus, daß die einzig andere biblische Wahl darin besteht, unseren Blick ganz vom Selbstbild zu befreien.

Wir finden einen weiteren Wegweiser in der Bergpredigt,

wo der Herr uns über das Richten von anderen belehrt. Jesus sagte: „Richtet nicht, damit ihr nicht gerichtet werdet" (Matt. 7,1). Aber im selben Kapitel warnt er später vor falschen Propheten, die wie Wölfe in Schafskleidern sind. Wie sollen wir sie aber ausfindig machen? „An ihren Früchten werdet ihr sie erkennen" (V. 16a). Diese beiden Ideen scheinen sich zu widersprechen. Wie können wir Matthäus 7,1 mit der eben genannten Mahnung zu urteilen, oder Matthäus 18,15-17, oder das Beispiel der Galater in 2,11 miteinander in Einklang bringen, wo Paulus den Petrus zurechtweist wegen seines Doppelspiels?

Wir meinen, daß Jesus in Matthäus 7,1 nicht von den mehr objektiven Dingen spricht, wie im obigen Beispiel. Er spricht statt dessen von der Art der subjektiven Verurteilung, die er schon vorher in seiner Predigt angeführt hat: „Wer aber zu seinem Bruder sagt: Du Hohlkopf!, der muß vor den Hohen Rat; wer aber sagt: Du Wahnsinniger!, der muß ins höllische Feuer" (Matthäus 5,22b). Es gebührt uns nicht zu urteilen, ob jemand hohlköpfig oder wahnsinnig ist, das heißt, ein Gesamturteil über seinen persönlichen Wert abzugeben.

Es wurde bereits erwähnt, daß wir wohl unsere Fähigkeiten und unsere Leistung bewerten müssen, ohne subjektiv zu urteilen, ohne uns als gut oder schlecht zu bewerten. Das scheint Paulus in 1. Korinther 4,3b zu meinen: „auch richte ich mich selbst nicht." Er fügt hinzu: „der Herr ist's, der mich richtet" (Vers 4b). Paulus hat sich mit dem Problem unterschiedlicher Loyalitäten unter den Korinthern auseinandergesetzt, die versucht hatten, den würdigsten ihrer Vorsteher herauszufinden, um sich diesem anzuschließen.

Im Vers 2 bestätigt Paulus seine Verantwortung, treu seinen Dienst zu tun, aber dann besteht er darauf, daß jede Art von Werturteil darüber dem Herrn gebührt. Das genügte ihm anscheinend vollauf, denn er hielt es nicht für seine Aufgabe, ein Urteil zu fällen. Paulus beurteilte die Wirksamkeit seines Dienstes gewiß bei vielen Gelegenheiten, aber das hatte nichts zu tun mit: „Ich bin eigentlich sehr zufrieden mit mir. Ich gebe mir eine gute Note." Im Gegenteil, Paulus sagt: „Ich werde es Gott überlassen."

Es scheint also, daß die Bibel gleichbleibend über das Urteilen spricht, ob wir uns selbst oder andere beurteilen. Obwohl es unsere Verantwortung sein kann, Entscheidungen über objektive Dinge zu treffen, ist jedes Richten über den Gesamtwert oder die Ehre Sache des Herrn.

Hier haben wir die Lösung zum Problem des schlechten Selbstbildes und der Frustration wegen verpaßter Gelegenheiten und ewiger Belohnung. Wir müssen diese Sünden bekennen und dann das Richten unseres Selbstbildes in Gottes Hand geben. Wenn wir uns mühen, ein positives Selbstbild zu entwickeln, werden wir immer mit Narben und Verlusten zu kämpfen haben. Haben wir aber unsere Sünden bekannt und richten wir unseren Blick wieder nach außen und nach oben, so ist die Frage, „wie gut mache ich meine Sache?" aus der subjektiven (Selbstwertschätzung) Perspektive nicht länger akut. Das schließt nicht aus, daß diese Frage in objektiver Hinsicht ihre Berechtigung hat. Es gibt einen wesentlichen Unterschied zwischen diesen beiden Ich-Ausrichtungen. In der ersten bewerten wir *uns selbst*. In der zweiten beurteilen wir die Effektivität unserer *Handlungen und Vorhaben* (unseren Dienst).

Hier kommt eine interessante Eigenschaft der menschlichen Persönlichkeit in bezug auf Sünde und Bekenntnis zum Tragen. In der Therapie erklärt mancher lautstark, was für eine schlimme Person er oder sie sei. Wenn dann gefragt wird, was sie verkehrt gemacht haben, werden sie seltsamerweise still oder übergehen die Frage und fangen mit ihren Klagen von vorn an. Manche Klienten, die so bereitwillig ihre Bösartigkeit verkünden, werden zornig und ärgerlich, wenn man sie nötigt, konkrete Beispiele ihres Fehlverhaltens zu nennen! Sich als „schlimmen Menschen" zu bezeichnen, scheint nicht so schlimm zu sein, denn man wird wegen dieses Zustandes erst bemitleidet und weil man so nobel war, ihn zuzugeben, wird man noch gelobt.

Hingegen Sünde zu bekennen, ist etwas anderes. Wenn wir uns mit den konkreten Verfehlungen und Schmerzen, die wir anderen bereitet haben, auseinandersetzen, dann wird die Sündhaftigkeit der Sünde plötzlich ganz real. Das Sündenbekenntnis geht zudem Hand in Hand mit Schuld und der Notwendigkeit der Wiedergutmachung und Veränderung. Uns subjektiv zu richten, ist daher keine Hilfe. Es ist oft ein Nachteil, weil es ein Ablenkungsmanöver darstellen kann, um uns die Leute fernzuhalten, damit sie uns nicht direkt fragen, was wir getan haben.

Erwägen wir noch einen anderen Hinweis, der unser Vorgehen als biblisch ausweisen kann. Das bringt uns tief in unser Thema hinein und wir nähern uns hier dem Herzstück der Sache.

Ein hermeneutisches Prinzip, dem manche Glauben schenken, ist das Gesetz der „ersten Erwähnung", das heißt, eine besondere Bedeutung kommt der erstmaligen Erwähnung einer Lehre oder eines Themas in der Bibel zu, die tonangebend für jede weitere Erwähnung in der Bibel ist. Dieses Prinzip scheint sich in genügend Fällen zu bewahrheiten, daß man es als zutreffend bezeichnen kann. Ob wir nun das Prinzip akzeptieren oder nicht, ist erwiesen, daß wir in 1. Mose ein Samenbeet für viele biblische Begriffe finden.

Die Bibel erwähnt die Befangenheit bzw. das Ich-Bewußtsein zum erstenmal in 1. Mose 3,7-11. Der Zusammenhang ist äußerst bedeutsam. Vers 6 beschreibt eines der furchterregendsten Ereignisse der Geschichte, den Sündenfall. 1. Mose 3,7 berichtet daher von den ersten Auswirkungen dieses tragischen Sturzes in die Sünde. „Da wurden ihnen beiden die Augen aufgetan, und sie wurden gewahr, daß sie nackt waren." Wie bedeutsam dieses Bewußtwerden des Nacktseins ist, wird dadurch verdeutlicht, daß es die zentrale Aussage des Verses ist, den wir betrachten wollen.

Wir können über die Bekleidung von Adam und Eva bis zu jenem Zeitpunkt spekulieren. Das Kernstück dieses Verses ist, daß ihre Augen „aufgetan" wurden, was die plötzliche Erkenntnis ihres Nacktseins meint. Es handelte sich nicht um ein Nackt*werden,* sondern um ein *Gewahrwerden,* daß sie nackt waren.

Was geschah sofort nach ihrem Gewahrwerden? Wir könnten das Wesentliche hier leicht verpassen, wenn wir ihren Wunsch nach Bekleidung lediglich als den Versuch ansehen, ihren Zustand voreinander zu verbergen. Obwohl nun sicher ein beunruhigendes neues Ich-Bewußtsein zwischen ihnen bestand, übergeht der Text dies und betont, daß ihr neues Bewußtsein zu einer viel tieferen Besorgnis Anlaß gab. Dieser Schluß wird durch Vers 10 bestätigt, wo Adam auf Gottes Ruf antwortet: „Ich hörte dich im Garten und fürchtete mich; denn ich bin nackt, darum versteckte ich mich." Adam reagierte auf Gott mit derselben Befangenheit, die er vor Eva verspürte. Von besonderem Interesse ist seine gefühlsmäßige Reaktion auf dieses neue Ich-Bewußtsein: „Ich fürchtete mich." Die allererste Furcht, die der Mensch erlebte, war direkt mit seinem erweiterten Ich-Bewußtsein verknüpft. Was war die Freude dieses Paares gewesen, die sie nun verloren hatten? Offenbar waren sie sich vor dem Fall ihrer Nacktheit nicht auf eine Weise bewußt, daß sie befangen gewesen wären. Ihre Aufmerksamkeit war nicht auf den eigenen Zustand gelenkt worden.

In dieser unberührten Umgebung, ohne die geringste Selbstsucht, hatten sie es anscheinend nicht nötig, sich über ihren Eigenwert Gedanken zu machen. Darum bestand auch keine Veranlassung zur Furcht oder Abwehr, ein Image zu kräftigen und zu schützen, das durch ein solches Reflektieren geschaffen worden wäre. Der völlig auf den anderen gerichtete Blick hatte die Notwendigkeit, ein Selbstbild zu schaffen, ausgeschlossen. Jeder war am anderen interessiert und an der Umwelt in Gottes Weltall. Ihr Blick war auch auf den Herrn gerichtet, der sie erschaffen hatte und Gemeinschaft mit ihnen pflegte. Es ist aufschlußreich, daß der Anbruch der Sünde eine entschiedene Veränderung in dieser Blickrichtung auslöste.
Es ist faszinierend zu beobachten, daß Gott unseren Leib so konstruiert hat, daß er diese Lebenseinstellung ebenfalls zum Ausdruck bringt. Er hat uns so gemacht, daß wir gewöhnlich nicht der Gegenstand unserer Aufmerksamkeit sind. Natürlich können wir verschiedene Teile unseres Körpers sehen, aber diese geben uns kein Bild von uns und lenken die Aufmerksamkeit nicht auf uns selbst. Um wirklich zu sehen, wie wir aussehen, brauchen wir einen Spiegel. Gottes Konstruktion veranlaßt uns, nach vorn zu blicken. Um uns von hinten zu sehen, müssen wir uns etwas besonderes einfallen lassen. Gleicherweise hat es den Anschein, daß Gott den Menschen geistlich so konstruiert hat, daß er nach oben und nach außen

blickt, nicht nach innen. 1. Mose 3,7-11 weist darauf hin, daß die Blickrichtung auf sich selbst ein Ergebnis des Sündenfalls war.

Wertschätzung als Gesellschaftsspiel

Die Sünde hat eine Tretmühle hervorgebracht. Sünde schafft Schuld, diese führt zur Befangenheit, welche das Ich zum Mittelpunkt macht, was wiederum Hürden schafft (wie Adams Bekleidung und sein Versuch, sich vor Gott zu verbergen), die zu weiteren Sünden führen. Die nächste Sünde verstärkt die Befangenheit noch, und so geht es spiralförmig nach unten.

Welche menschlichen Lösungen zu diesem Dilemma hat es gegeben? Zunächst, wie oben aufgezeigt, Isolierung und Trennung. Barrieren aufstellen war schon immer typisch menschlich. Wir versuchen, uns vor den anderen (und vor Gott) zu verbergen, sooft wir können, aber oft werden wir in Situationen hineingeworfen, wo wir dem engen Kontakt mit Leuten nicht entgehen können. Ob es uns gefällt oder nicht, John Donne hatte recht: kein Mensch ist eine Insel.

Was geschieht in solchen Fällen? Wir greifen auf unsere zweite Defensive zurück. Wenn gewisse Lebensumstände uns am Verstecken hindern, haben wir den Wunsch, uns vom Schmerz der Befangenheit zu befreien, ein gutes Gefühl über uns zu entwickeln, uns mit Selbstachtung vollzupumpen. Wie wir gesehen haben, meint Alfred Adler, daß alle Leute Minderwertigkeitsgefühle haben, die sie dazu veranlassen, nach Überlegenheit zu streben. Adlers positive Schau des Menschen führte ihn zum Schluß, daß dieses Streben nicht den Zweck hatte, den anderen zu überholen, sondern ein individuelles Vollkommenheitsideal zu erreichen. Aber die Geschichte und die Gesellschaft beweisen, daß dies nicht zutrifft. Der Mensch *ist* tatsächlich vom Konkurrenzdenken geprägt, der einzelne und die Gesellschaft streben *nicht* danach, nur sich selbst zu vervollkommnen, sondern ihren Nächsten zu unterwerfen und als Sieger dazustehen, koste es, was es wolle.

Wir alle sind den gesellschaftlichen Zwängen ausgesetzt,

die uns in unserem speziellen Lebensbereich und auf unserer spezifischen Gesellschaftsebene in die verschiedenen Rollenspiele der Selbstwertschätzung hineindrängen wollen. Bei manchen heißt das, ein Haus kaufen, das sie sich nicht leisten können, damit die Leute denken, sie könnten es. Bei anderen bedeutet es, Drogen einzunehmen, um zu zeigen, daß sie „in" sind. Es gibt Kleidung, Autos und Millionen anderer Statussymbole, große und kleine. Andere suchen Achtung mittels Selbstgerechtigkeit, indem sie beispielhafte Staatsbürger sind oder sich für wohltätige Zwecke einsetzen.

In diesem Konkurrenzkampf um die Achtung der anderen gibt es einige Gewinner, aber natürlich müssen auch einige verlieren. Diejenigen, die in die richtigen Umstände hineingeboren werden, die notwendigen Fähigkeiten haben, genügend Aufmerksamkeit und Lob bekommen und eine gute Position erringen, kommen am Ziel an. Sie entwickeln genügend Selbstachtung, um ihrer Gesellschaft relativ furchtlos zu begegnen. Sie haben das Problem, das mit Adam auf egozentrische Weise begann, gelöst. Aber die Verlierer leben unter dem Schatten der Furcht und Scham. Das Spiel heißt: Siegen – der stark dominante Typ Maslows.

Bei näherer Betrachtung der Sieger, kommt jedoch ein Problem zum Vorschein – keiner siegt am Ende wirklich. Ein klassisches Beispiel war König Saul. Logisch gesehen, war er der passende Regent Israels; er überragte das Volk um Kopf und Schultern. Dann wurde er mit Goliath konfrontiert, der ihn um Kopf und Schultern überragte, und Saul versteckte sich Tag für Tag in seinem Zelt. Genau so funktioniert die Selbstwertschätzung. Es ist immer notwendig, höher hinaufzusteigen, immer mit der Furcht, daß Goliath einholen wird. Für den Präsidenten gibt es immer wieder die nächste Wahl, und Zäsar muß sich Sorgen machen wegen Brutus. Es ist immer peinlich, Zweiter zu sein, besonders wenn man einmal Erster war.

Schlußfolgerungen

An dieser Stelle müssen wir den Ich-Theoretikern in mindestens drei Punkten widersprechen. Sie postulieren eine Gruppe von Menschen, die auf einer Stufe der Selbstachtung angekommen sind, die ihnen erlaubt, die oben beschriebenen Gesellschaftsspiele nicht länger mitspielen zu müssen. Sie fühlen sich wohl in ihrer eigenen Haut und in der Gesellschaft anderer.

Wir könnten diesen Schluß jedoch in Frage stellen. Problematisch ist, daß wir so wenig Menschen begegnen, die sich in dieser Kategorie befinden, selbst unter Christen. Sogar diejenigen, die auf den ersten Blick dafür in Frage kämen, entpuppen sich später genau wie die anderen in dieser Beziehung. Wir wollen diese Leute damit auf keinen Fall kritisieren, sondern einfach sagen, daß sie dieselben Zwänge verspüren, denselben Versuchungen ausgesetzt sind und dieselben Bedürfnisse an den Tag legen in bezug auf Selbstachtung.

Die These ist außerdem problematisch, weil wir in der Schrift keine Lehre finden, die mit dieser Lösung der Selbstwertschätzung übereinstimmt oder die sagt, daß irgendjemand je „angekommen" ist. Wir müssen daraus schließen, daß eine solche Gruppe von Menschen gar nicht existiert. Von Natur aus streben wir alle danach, uns mit dem Dilemma auseinanderzusetzen.

Das bringt uns zu einem zusätzlichen Problem mit den Ich-Theoretikern, womit wir uns bereits früher beschäftigt haben. Sie weisen ständig darauf hin, daß Menschen mit *ausgeprägter* Selbstachtung nicht stolz sind, sondern daß die wirklich Stolzen diejenigen mit der *niedrigen* Selbstachtung sind. Die Logik in solch einer Schlußfolgerung wurde bereits beleuchtet. Sie haben aber teilweise recht insoweit, als niedrige Selbstachtung *tatsächlich* ein Ausdruck der Ich-Zentriertheit des Menschen darstellt, genauso wie ausgeprägte Selbstachtung. Die eine führt zur Furcht, die andere zum Stolz.

Eine dritte Anfrage an die Ich-Theorie: Was sollen wir mit jenen tun, die an niedriger Selbstachtung leiden, diejenigen, die im Gesellschaftsspiel die Verlierer sind? Ihnen lediglich bedingungslose Annahme anzubieten, scheint darauf hinauszulaufen (um es einmal in der Fußballsprache zu sagen), „Auch wenn du den Ball neben das Tor geschossen hast, verschieben wir einfach das Tor, damit du dich nicht so schlecht fühlst"!

Mit anderen Worten, man sagt den Leuten, daß Achtung nicht leistungsbezogen sei, wenn es in Wirklichkeit so ist. Die Praxis des Psychologen ist vielleicht der einzige Ort, wo es nicht darauf ankommt, wer gewinnt. Aber früher oder später muß der Klient die Praxis verlassen, wo er feststellt, daß es Bedingungen für die Annahme *gibt*. Gewiß sagt die Ich-Theorie, daß der Mensch zu diesem Zeitpunkt genug Achtung hat, um solchen Angriffen zu widerstehen. Aber selbst wenn wir annehmen, daß die Therapie erfolgreich war, was wurde eigentlich erreicht? Der Mensch hat seine Furcht gegen den Stolz ausgetauscht. Nun wird er, statt sich zu verbergen, Situationen erstreben, wo es Leute gibt, die seiner Achtung Auftrieb geben.

Die Menschheit wird also in zwei Gruppen aufgeteilt. Die erste (wir nennen sie einmal Introvertierte) besteht aus Leuten, die im Gesellschaftsspiel der gegenseitigen Achtung die Verlierer sind und deren Konzentration auf das Ich, wie bei Adam, sich in Furcht und Verstecken äußert. Die zweite Gruppe sind die Extrovertierten, die eine stark ausgeprägte Selbstachtung besitzen und deren Konzentration auf das Ich sich im Stolz äußert.

Wir werden alle aus verschiedenen Gründen zur einen oder anderen dieser Gruppen hingezogen. Den meisten von uns gelingt es, unsere Tendenzen innerhalb gesellschaftlich akzeptabler Grenzen zu halten. Extreme Extrovertierte werden sogar von der Gesellschaft als „stolz" abgestempelt, wogegen extreme Introvertierte als „seltsam" oder „zurückgezogen" bezeichnet werden. Beide Extreme sind gesellschaftlich unakzeptabel.

Die Antwort auf das menschliche Dilemma wurde von Gott eingeleitet, der Seinen Sohn, den Herrn Jesus Christus, als unseren Stellvertreter geopfert hat, um an unserer Statt für unsere Sünden zu sterben. Gott hat auch Seinen Heiligen Geist gesandt, um uns von unserem sündigen Zustand und der Entfremdung von Gott zu überzeugen, und um uns zu zeigen, wie verzweifelt wir die Vergebung brauchen, die in Christus zu finden ist. Wir müssen antworten, indem wir unsere Schuld zugeben, und wir brauchen Gottes Vergebung. Durch einen Akt des Glaubens können wir Gottes Gabe der Vergebung empfangen und neues, überfließendes Leben in Christus haben.

Diese Befreiung von Schuld ist der erste Schritt auf unserem Weg zum mitmenschlich-orientierten Lebensstil. Wir müssen auch vom Schmutz des Alltags durch aufrichtiges Bekennen der Sünde gereinigt werden (1. Joh. 1,9). Die Sünde wird unsere Blickrichtung sofort nach innen richten, wenn sie nicht gleich bekannt wird. Freisein von der Schuld und der Macht der Sünde bereiten uns darauf vor, unser Leben mit einem nach oben und nach außen gerichteten Blick zu leben.

Kapitel 15:

Der Beweis aus der Schrift, Teil II

Da wir Ich-Bewußtsein als direktes Ergebnis des Sündenfalls in 1. Mose 3 erkannt haben, wäre zu erwarten, den Begriff des mitmenschlich-orientierten Lebens als ausdrückliche Lehre in der Schrift zu finden, und genauso ist es. Das Herzstück alttestamentlicher Theologie steht in 5. Mose 6,4: „Höre, Israel, der HERR ist unser Gott, der HERR allein!" Gott ist der Selbst-existente, Autonome, der darum der Ursprung alles anderen ist. Alles ist von Ihm abhängig.

Unsere Liebe zu Gott

Aus der Sicht dessen, wie Gott in 5. Mose 6,4 beschrieben wird, gibt uns die Schrift im nächsten Vers unsere einzig mögliche Antwort darauf. „Und du sollst den HERRN, deinen Gott, liebhaben von ganzem Herzen, von ganzer Seele und mit aller deiner Kraft." Unser ganzes Wesen soll in der Anbetung und dem Dienst Gottes stehen. Hier haben wir eine absolut auf Gott ausgerichtete Orientierung. Das Leben besteht nicht im Blick nach innen und sich gut, schlecht, oder sonstwie fühlen. Es hat vielmehr Gott zum Mittelpunkt, was uns mit Ehrfurcht erfüllen sollte. Dieses Gebot wird in allen drei Evangelien (Matt. 22,37; Markus 12,30; Lukas 10,27) wiederholt.

Das Wort „liebhaben" an dieser Stelle ist das hebräische Wort *aheb,* das wir im vierten Kapitel untersucht haben. Wir sind dort zum Schluß gekommen, daß der Begriff vorrangig

Wollen und Handeln meint. Das Gebot befaßt sich daher nicht mit Gefühlen, die wir für Gott haben, obwohl diese mit eingeschlossen sein können. Es ruft uns statt dessen dazu auf, all unsere Fähigkeiten in den Dienst des Herrn zu stellen, daß er sie einsetzt, wie er möchte. Dieser Einsatz soll Ihm, kurz gesagt, Ehre bringen, indem unser Leben nach seinem Willen ausgerichtet ist.

Das ist nichts weniger als ein Ruf nach absoluter Beschäftigung der menschlichen Persönlichkeit mit Gott. Weil das Gebot ursprünglich aus 5. Mose kommt, einem gesetzgebenden Teil der Schrift, müssen wir davon ausgehen, daß Gott dies wörtlich verstanden haben will. Es ist kein vergeistigter Begriff, der für theologische Diskussionen gut ist. Es drückt aus, was Gott auf der Grundlage seines Wesens rechtmäßig zukommt und bringt seinen Anspruch zum Ausdruck, daß die Menschen ihm ihre Anerkennung durch ihr Tun bezeigen.

Dasselbe wird auch von Paulus in 1. Kor. 6,19-20 zum Ausdruck gebracht: „Oder wißt ihr nicht, ... daß ihr nicht euch selbst gehört? Denn ihr seid teuer erkauft; darum preist Gott mit eurem Leibe." Alle Lebensenergie soll eingesetzt werden, um Ihm Ehre zu bringen.

Unsere Liebe zu den anderen

Eine oberflächliche Betrachtung der obigen Gedankengänge könnte einen Menschen dazu bewegen, das Leben eines Einsiedlers in der Wüste oder auf dem Gipfel eines Berges aufzunehmen, um Gott allein anzubeten. Wenn wir aber sehen, wie Christus dieses Gebot in den Evangelien behandelt hat, wird offenbar, daß genau das Gegenteil erforderlich ist. Mit dem Gebot, den Herrn zu lieben, verknüpfte Er in 3. Mose 19,18 das Erfordernis, den Nächsten zu lieben, wie uns selbst.

Von diesem doppelten Gebot, Gott und den Nächsten zu lieben, sagt Christus: „An diesen beiden Geboten hängt das ganze Gesetz und die Propheten" (Matthäus 22,40). Das erste faßt anscheinend den ersten Teil der Zehn Gebote zusammen, die unsere Verpflichtungen gegen Gott betonen, und das zweite spiegelt den letzteren Teil der Zehn Gebote wider, die damit zu tun haben, wie wir mit unseren Nächsten umgehen.

Bedeutungsvoll ist hier, daß Christus ein erstes und ein zweites Gebot aufführt, denn die Reihenfolge ist absolut notwendig. Ein Grund dafür ist, daß die Nächstenliebe vor oder außerhalb der Liebe zu Gott nichts weiter als Humanismus darstellt. Aber wie können wir unseren Nächsten lieben, wenn all unsere Energien – Herz, Seele, Kraft, und Verstand – sich mit der Liebe zum Herrn beschäftigen sollen? (Sie erinnern sich, wir definieren die Liebe nicht emotional, die es uns gestatten würde, zu behaupten, wir lieben jeden, sondern im Sinne von *agape,* Wollen und Handeln, das bedeutet, unseren persönlichen Einsatz und den Einsatz unserer Mittel.)

Die Antwort liegt in der Aussage: „Und ein zweites ist diesem gleich" (Matt. 22,39). Wie ist das zweite dem ersten Gebot gleich? Wir antworten: Wie lieben wir Gott? Was tun wir für Ihn? Was können wir Ihm geben? Es gibt einige Dinge, die wir direkt für Gott tun können. Anbetung ist eines dieser Dinge, vielleicht das einzige. Aber das meiste, das wir für Gott tun, hat mit der Liebe zum Nächsten um Seinetwillen und zu Seiner Ehre zu tun.

Hierin ist das zweite Gebot dem ersten gleich, daß es zur Erfüllung des ersten Gebots notwendig ist. Gott braucht nichts von uns, aber wir drücken unsere Liebe zu Ihm aus durch das Halten Seines Gebots, unseren Nächsten zu lieben. Wir sagen z.B. daß wir einen bestimmten Teil unseres Einkommens dem Herrn geben. Natürlich ist es nicht Ihm direkt gegeben, sondern indirekt durch Investieren in Seinem Werk, unsere verlorenen Nachbarn zu retten.

Nun kommen wir zur Sache, wie man den Nächsten liebt, wie sich selbst. Wir haben bereits gesehen, daß eine agape Liebe sich auf Wollen und Handeln konzentriert. Das hat nichts mit emotionaler Selbstliebe zu tun. Hier wird uns geboten, den Bedürfnissen unseres Nächsten so einfühlsam zu begegnen, als wären sie unsere eigenen, und so bereitwillig jene Dinge zu tun, um die Bedürfnisse des Nachbarn zu stillen, als wären sie unsere eigenen. Die Betonung liegt auf dem Handeln, wie in Matt. 7,12 zum Ausdruck kommt: „Alles nun, was ihr wollt, daß euch die Leute tun sollen, das tut ihnen auch! Denn das ist das ganze Gesetz und die Propheten."

Obwohl das Gebot, den Nächsten zu lieben wie sich selbst mehrere Male im Neuen Testament wiederholt wird, ist es noch nicht alles, was der Herr vom Christen erwartet. In Joh. 13,34 wird ein neues Gebot gegeben, daß wir lieben sollen, wie Christus geliebt hat. Die Liebe, die Christus für uns hatte, ist in Joh. 15,13 beschrieben: „Niemand hat größere Liebe als die, daß er sein Leben läßt für seine Freunde." Christus ruft uns nicht nur auf, unseren Nächsten wie uns selbst zu lieben, sondern *mehr* als uns selbst, sogar bis zur totalen Selbsthingabe.

Im Alten Testament wird angedeutet, daß ich, nachdem ich dem Herrn die gebotene Gabe gegebene habe und nachdem ich meiner Pflicht gegenüber dem Nächsten Genüge getan habe, was übrig blieb, mir selbst zugute kommen lassen konnte, um meine Bedürfnisse und Wünsche zu befriedigen. Jedoch scheint im Neuen Testament sogar die *agape* Selbstliebe ausgeschlossen zu sein im Gebot, den Nächsten mehr als mich selbst zu lieben. Das bedeutet natürlich nicht, daß wir nicht essen oder uns nicht bekleiden oder andere persönliche Bedürfnisse stillen sollen. Aber es bedeutet gewiß, daß unser Motiv nicht die Selbst-Befriedigung sondern der Dienst an anderen ist.

So charakterisiert auch Paulus seinen eigenen Dienst in 1. Kor. 9,19: „Denn obwohl ich allen gegenüber frei bin, habe ich doch mich selbst zum Knecht aller gemacht, damit ich möglichst viele gewinne." Paulus gab freiwillig alle seine Rechte auf die *agape* Selbstliebe auf, um seinen Dienst an anderen zu maximieren. Das Neue Testament schließt nicht nur *philia* Selbstliebe aus, sondern in diesem Sinne sogar *agape* Selbstliebe. Der neutestamentliche Lebensstil ist daher entschieden nach oben und nach außen gerichtet, konzentriert auf die anderen. Die beste Beschreibung dafür ist vielleicht mitmenschlich-orientierter Lebensstil.

Kapitel 16:

Die Vorteile eines Lebens, das sich am Nächsten orientiert

Ein Leben, das sich am Nächsten orientiert, ist die gesegnetste und zugleich kostspieligste Lebensweise, die es gibt. Wir geben zu, daß die Ich-Theoretiker sich bemühen, ganz reale Probleme zu lösen, besonders, was das Minderwertigkeitsgefühl angeht, und alles, was damit zusammenhängt. Wir mußten jedoch feststellen, daß ihre Lösung den Menschen in eine lediglich weniger schmerzhafte, dafür aber weitaus gefährlichere Situation hineinversetzt hat, nämlich die übertriebene Selbstliebe.

Im Gegensatz dazu bietet ein Leben, das sich am Nächsten orientiert, kein derartiges Heilmittel an. Diese Lösung ist nicht einfach. Sie beginnt mit dem Tod meiner selbst und fordert diesen Tod ununterbrochen. Lukas 9,23 spricht davon, daß das unsere tägliche Erfahrung sein soll, und Sterben tut weh. Das Kreuz, das wir täglich tragen sollen, ist die Selbstverleugnung. Das bedeutet die Ablehnung des ich-orientierten Lebensstils, damit unser Leben im Dienste Gottes und im Dienst an den anderen ausgegossen werden kann.

Es überrascht nicht, daß ein überaus wichtiger Aspekt dieses Ich-Sterbens meine Gefühle betrifft, die ich für mich selbst hege. Jemand läßt eine abschätzige Bemerkung über meine Arbeit fallen, die ich gerade tue, und schon kommt Unwille gegen diese Person auf, da mein Ego ungerechterweise verletzt wurde. Macht eine zweite Person eine Bemerkung, fange ich vielleicht an, mich selbst zu bemitleiden. Laß eine dritte etwas sagen, und ich bin niedergeschlagen.

Wenn andersherum die Bemerkungen lobend ausfallen,

könnte ich anfangen, mir etwas einzubilden, statt Gott die Ehre zu geben, der mir die Fähigkeit, die Kraft und den Atem gibt, sie einzusetzen. Äußerste Disziplin ist notwendig, um diese Ich-Gefühle zu zügeln, bevor sie ihr zerstörerisches Werk tun. Das Einüben dieser gottgegebenen Disziplin verursacht Schmerzen und ist Teil des Sich-selbst-Sterbens.

Aber wir wollen auch die herrlichen Früchte eines am Nächsten orientierten Lebens betrachten. Diese sind legitim, von Gott gegeben, und haben keine schädlichen Nebenwirkungen.

Das Joch Christi

Einen solchen Segen finden wir in Matt. 11,28-30: „Kommt her zu mir, alle, die ihr mühselig und beladen seid; ich will euch erquicken. Nehmt mein Joch auf euch und lernt von mir; denn ich bin sanftmütig und von Herzen demütig; so werdet ihr Ruhe finden für eure Seele. Denn mein Joch ist sanft, und meine Last ist leicht."

Wenn Jesus von den „Beladenen" spricht, fällt uns ein, daß unser Selbstwertgefühl eines der größten Lasten ist, die wir mit uns herumtragen. Unser Ego zu schützen ist eine Vollzeitbeschäftigung. Wir haben festgestellt, welch eine Last es bedeutet, dauernd unser Image aufrecht erhalten zu müssen. Sogar die Ich-Theoretiker haben das erkannt und suchen die Lösung in den Leitsätzen der bedingungslosen Annahme. Weil dies jedoch keine wirkliche Alternative darstellt, sind wir wieder auf uns selbst angewiesen, das heißt, wir müssen unser Selbstwertgefühl durch unsere eigenen Anstrengungen stützen.

Jesus sagte: „Ich will euch erquicken." Es mutet paradox an, daß Er uns erquicken will, indem Er uns ein anderes Joch auferlegt. Was für ein Joch ist das? Der Herr sagt es uns im nächsten Vers: „Denn ich bin sanftmütig und von Herzen demütig." *Das* ist Sein Joch - die Demut, die selbstlos ist, die sich nicht um das eigene Ansehen sorgt, die es nicht nötig hat, anderen die eigene Größe zu beweisen.

Zur Last, unser Selbstgefühl zu pflegen, kommt zusätzlich noch die Last der Angst. Der introvertierte Mensch versucht auf seine Weise, sein Wertempfinden zu heben, und der extrovertierte Mensch hat seine sozialen Ängste. So kämpft jeder von uns ununterbrochen, und wir sind uns dabei bewußt, daß wir jederzeit von der Angst oder dem Verlust unseres Selbstwertgefühls hinweggerafft werden können. Kein Wunder, daß der Bibelabschnitt solch kräftige Ausdrücke für die Erschöpfung gebraucht, die eine solche Belastung bewirkt. Obwohl Christi Joch leichter ist, müssen wir es ernst nehmen. Wir werden nicht gefragt, ob wir überhaupt ein Joch tragen wollen oder nicht. Welch ein Segen wäre es für uns und für andere, wenn jeder von uns sein Joch gegen Christi Joch austauschen würde!

William James erkannte die psychologischen Vorteile eines selbstlosen Lebens. Er bemerkte:

Ansprüche aufgeben erleichtert ebenso herrlich, wie wenn sie erfüllt werden... Die Geschichte der evangelikalen Theologie mit ihrer Sündenerkenntnis, ihrer Selbstverleugnung, ihrem Verzicht auf Werksgerechtigkeit, liefert das beste Beispiel dafür... Da gibt es diese seltsame Leichtigkeit des Herzens, wenn die eigene Nichtigkeit in einem gewissen Bereich einfach vertrauensvoll akzeptiert wird.[1]

Es ist erstaunlich, daß ein Psychologe wie James dieses biblische Prinzip eher zu begreifen scheint, als viele Evangelikale.

Die Erquickung, die man erfährt, sobald man das Joch Christi auf sich nimmt, ist nicht nur in Momenten der Verzweiflung aktiv, sondern auch dann, wenn wir uns in unserem weltlichen Freundeskreis bewegen. Obwohl wir es oft nicht merken, können diese Augenblicke für viele doch belastend sein. Nicht, daß man einer schrecklichen Angst ausgesetzt wäre, aber da sind Zwänge, die uns veranlassen wollen, gewisse Dinge zu tun, um akzeptiert zu werden oder dieses Akzeptiertsein nicht zu verlieren. Diese Zwänge wollen zu einem bestimmten Handeln zwingen, oder im Fall des Introvertierten, zum Verstecken veranlassen.

Wieviel besser ist es doch, in diese Beziehungen mit dem Gedanken einzusteigen: „Ich möchte dir heute auf irgend

---

1 William James, *The Varieties of Religious Experience: A Study in Human Nature* (New York: Longmans, Green, and Co., 1923), S. 310-11.

eine Weise dienen, sei es durch eine Ermutigung oder eine Ermahnung, oder ein Lächeln, das dir sagt, daß du mir nicht gleichgültig bist, oder durch ein Gebet für dich." Wenn wir in jeder Lage den Menschen mit einer solchen Haltung begegnen können, werden wir von der Furcht frei, die uns beim Reflektieren über uns selbst überkommt. Dann sind wir unser Verlangen nach Wertschätzung los, weil wir uns im Dienste an anderen „selbst verloren" haben.

Wie wertvoll diese Erfahrung ist, wurde sogar von dem Psychologen Abraham Maslow erkannt. Im Zusammenhang mit der Selbstverwirklichung, der höchsten Form der Erfüllung seinen theoretischen Überlegungen gemäß, erläutert er:

Selbstverwirklichung bedeutet in erster Linie eine umfassende, lebhafte und selbstlose Erfahrung, bei ungeteilter Konzentration und völligem Aufgehen im Geschehen. Es meint ein Erlebnis ohne die Befangenheit des Jugendlichen. Im Augenblick dieses Erlebnisses ist der Erlebende voll und ganz Mensch. Das ist ein Selbstverwirklichungs-Moment. Das ist ein Moment, in dem das Ich sich selbst verwirklicht. Als einzelner erlebt jeder von uns gelegentlich solche Momente. Als Therapisten können wir unseren Klienten zu einem häufigeren Erlebnis dieser Momente verhelfen. Wir können sie ermutigen, sich rückhaltlos in eine Sache hineinzubegeben und ihr eigenes Gebaren, ihre Verteidigungshaltung und ihre Scheu zu vergessen – „aufs Ganze" zu gehen. Von außen können wir sehen, wie befriedigend ein solcher Augenblick sein kann. In den Jugendlichen, die sich einen harten, zynischen und überlegenen Anstrich zu geben versuchen, können wir in diesem Moment wieder etwas von der Arglosigkeit ihrer Kindheit auftauchen sehen; manches von der einstigen Unschuld und dem verlorenen Liebreiz kann auf dem Gesicht wieder erkennbar werden, wenn sie sich einen Augenblick lang völlig hingeben und sich rückhaltlos auf diese Erfahrung einlassen. Das Zauberwort heißt „selbstlos." Unsere Jugendlichen leiden an einem Mangel an Selbstlosigkeit und an zuviel Befangenheit und Selbst-Bewußtsein.[2]

---

2 A.H. Maslow, *The Farther Reaches of Human Nature* (New York: Viking, 1971), S. 45.

Sigmund Freud erkannte das gleiche Prinzip in seiner Idee vom Verliebtsein. Im folgenden Zitat steht das Wort „Objekt" anstelle dessen, was der Mensch liebt: „Das Ego wird immer bescheidener und anspruchsloser, und das Objekt wird erhabener und kostbarer, bis es zum Schluß die ganzen Selbstliebe des Egos in Besitz nimmt, dessen Selbstaufgabe als natürliche Konsequenz folgt. Das Objekt hat sozusagen das Ego verzehrt."[3]

Hier finden wir die gleichen Grundgedanken wie bei Maslow wieder. Der Mensch wird so vollkommen vereinnahmt von dem, den er liebt, daß die Selbstaufgabe und letztlich die völlige Auflösung des Egos eintritt.

Keine Verlegenheiten mehr

Die Möglichkeiten eines solchen Lebens sind sensationell. Um wieviel reicher und unverfälschter wären wir als Persönlichkeiten, und um wieviel erfüllter wäre unser Leben! Darüber hinaus würde ein am Nächsten orientiertes Leben manche schwierigen Dinge im Leben um vieles erleichtern. Ein Segen dieser Geisteshaltung ist zum Beispiel, daß wir den Schmerz der Verlegenheit loswerden. Keiner kann jede mehr oder weniger peinliche Situation vermeiden. Aber wenn wir unser Ich nicht mehr beschützen müssen, wenn es in den Mitmenschen aufgegangen ist, gibt es keinen wirklichen Grund zur Verlegenheit mehr.

Zwischenmenschliche Beziehungen

Ein weiteres Gebiet, das besonders durch eine mitmenschlich-orientierte Lebensweise profitiert, sind schwierige zwischenmenschliche Beziehungen. Keiner mag Auseinander-

---

[3] Sigmund Freud, *The Standard Edition of the Complete Psychological Works of Sigmund Freud*, Herausg. u. Übers. James Strachey, 24 Bde. (London: Hogarth, 1957), 18:113.

setzungen, weder am Arbeitsplatz noch in der Gemeinde noch in der Ehe, dem Geschäftsleben oder sonstwo. Wir können versuchen, sie in den Griff zu bekommen, indem wir uns in die Sache hineinsteigern und dann zu unserem Gegner gehen und explodieren. Diese Methode birgt zwei Probleme in sich. Zunächst ist sie unbiblisch und zweitens erreichen wir dadurch fast nie etwas. Es könnte damit enden, daß wir den Rest unseres Lebens damit verbringen, den Schaden der Explosion wiedergutzumachen.

Eine andere weit verbreitete Methode besteht darin, das Problem zu umgehen. Das geschieht oft unter dem frommen Vorwand, „dem Herrn" die Sache überlassen zu wollen. Aber die Bibel sagt uns, daß es Anlässe gibt, bei denen der Herr die Verantwortung *uns* übertragen hat. Es ist genauso ungeistlich, wenn einer sein Wort nicht hält, wie zu sagen, wir wollen es dem Herrn überlassen, mit unserem verlorenen Nachbarn zu sprechen.

Einen Menschen in der richtigen Weise wegen eines Problems anzusprechen, ist natürlich eine schwierige Sache. Dem anderen mit einem sanftmütigen Geist zu begegnen, dabei selbst eine Zurückweisung in Kauf zu nehmen, ist wirklich ein Sich-selbst-Sterben. Wenn wir aber unseren Blick nach außen richten, werden wir den anderen nicht länger nur als Problem sehen, sondern als einen Menschen mit echten Bedürfnissen, dem wir versuchen können zu dienen. Das heißt *nicht,* daß wir das Problem beiseitelegen, sondern, daß wir es in Angriff nehmen im Zusammenhang mit den Bedürfnissen der anderen Person, um die wir uns kümmern. Das mag nicht alle Furcht beseitigen, die solchen Situationen innewohnt, aber es kann dabei helfen, die Auseinandersetzung in eine Gelegenheit für geistliches Wachstum zu verwandeln.

Diese selbstlose Einstellung macht uns auch verwundbar durch Kritik von anderen Menschen. Wir leugnen nicht, daß wir vielleicht innerlich dazu tendieren, uns verteidigen zu wollen, aber wenn wir diesem Impuls durch die Kraft Gottes widerstehen, kann unsere Fähigkeit, offen zu bleiben, dadurch noch wachsen.

Überfließendes Leben

Der mitmenschlich-orientierte Lebensstil führt zu einem weiteren Segen: er führt zu einem überfließenden, erfüllten Leben. Gott mit unserem ganzen Herzen, mit ganzer Seele, ganzer Kraft und ganzem Verstand zu lieben, bedeutet das Leben voll auszuschöpfen. Wir können die Bedeutung der sprühenden Lebenskraft im Leben des Christen einfach nicht überschätzen. In dieser Beziehung überflügeln die Kinder dieser Welt oft die Kinder des Lichts. Wir haben allen Grund zur Lebenslust, zur Begeisterung, zur Arbeitsfreude. Leben erzeugt Leben.

Mancher wirft ein, „Das wäre doch Heuchelei!" Das ist ja gerade das Problem! Wenn wir *agape* leben würden, wäre das die Realität. Natürlich spielen persönliche Eigenschaften ebenfalls eine Rolle. Manchen Leuten scheint das Strahlen leichter zu fallen als anderen. Aber das soll nicht heißen, daß uns das unserer Verantwortung enthebt, die nötigen Eigenschaften zu entwickeln, um restlos alles von ganzem Herzen für Gott und andere zu tun.

Tiefes Vertrauen

Ein *agape* Leben schenkt uns als letzten Vorteil ein tiefes Vertrauen. In der natürlichen Welt sichern uns unsere Talente nie unseren Sieg. Gleicherweise ist es nicht immer Gottes Wille, daß wir im christlichen Leben als „Sieger" hervorgehen. Auch wenn wir mit lauterem, ganzem Herzen dienen, beim Singen zum Beispiel, können wir nicht garantieren, daß wir keinen Stimmbruch bekommen oder daß wir den Text vergessen. Vielleicht möchte der Herr, daß wir zeigen, wie man mit Niederlagen und Versagen umgeht.

Mitten in diesen Umständen bricht das Vertrauen, das die Ich-Theorie uns anbietet, zusammen, weil es sich auf uns stützt. Aber wir können unverzagt auf Gott vertrauen, weil wir zutiefst wissen, daß alles den Zielen Gottes dient und er dadurch verherrlicht wird, ganz gleich, wie die Sache ausgeht. Das war auch die Überzeugung des Apostels Paulus: „Wir sind von allen Seiten bedrängt, aber wir ängstigen uns nicht. Wir sind ratlos, aber wir verzagen nicht" (2. Korinther 4,8). Wie konnte er das sagen? Gehen wir zurück zu Vers 7. Er konnte es, weil Gott die Umstände, in denen Paulus sich befand, zu *Seiner* Verherrlichung geplant hatte.

Der mitmenschlich-orientierte Lebensstil birgt in sich das Potential, in unserer Beziehung mit Gott und den Mitmenschen alle Ängste, Hemmungen, Heucheleien und das Konkurrenzdenken zu beseitigen. Dann kann das Leben Gottes ungehindert durch uns zu anderen fließen. Manche glauben, daß alle Aspekte der Frucht des Geistes (Galater 5,22) in der ersten – agape – enthalten sind. Das ist jedenfalls der Anfang. Die *agape* wird deine Blickrichtung von dir weg auf Gott und die Mitmenschen um Gottes willen richten. Und sowie du dein Leben „verlierst", wirst du es in der Gegenwart Dessen wiederfinden, für den du dir selbst gestorben bist – und angefangen hast zu leben.

Im gleichen Verlag
sind ferner als Taschenbücher erschienen:

R. A. Torrey: DER HEILIGE GEIST
Das wachsende Interesse an diesem Buch zeigt, daß es bereits zu einem Standardwerk in bezug auf das Thema des Heiligen Geistes geworden ist. Es werden Themen behandelt wie: Der Heilige Geist überführt die Menschen von ihrer Sünde – Wie man ganz und für immer befriedigt wird – Die Taufe mit dem Heiligen Geist: Wie man sie jetzt empfangen kann.

E. M. Bounds: KRAFT DURCH GEBET (Prediger und Gebet)
Bounds, der methodistischer Pastor in Amerika war, sagt: »Die Gemeinde des Herrn braucht heute nicht neue Organisationen, nicht noch mehr Methoden – sondern Männer, vom Heiligen Geist gesalbt und mit Seiner Kraft ausgerüstet – Männer des Gebets, Männer, die im Gebet kraftvoll sind. Der Heilige Geist fließt nicht durch Methoden, sondern durch Menschen. Er heiligt keine Pläne, sondern Menschen des Gebets.«

R. A. Torrey: DIE MACHT DES GEBETS
Dieses Buch enthält Botschaften über das Gebet. Durch sie wurden viele zu einem Gebetsleben angespornt, das zu einem großen Faktor in der Vorbereitung der Erweckung um die Jahrhundertwende in vielen Teilen der Welt wurde.

John R. Rice: BITTEN UND EMPFANGEN
Gebetslosigkeit ist eine schreckliche Sünde. Für den verlorenen Sünder ist sie ein Teil seiner Ablehnung Christi. Für das Kind Gottes entspricht sie dem Rückgang im Glauben. Es gibt keine gemeine Sünde auf der Welt, an der die Gebetslosigkeit nicht teilhat. Alle Sünden könnten durch echten Gebetsgeist verhindert oder geheilt werden.

Durch dieses Buch sind Tausende von Menschen zum Gebet ermutigt worden und haben auf ihr Gebet hin Tag für Tag empfangen können, was sie brauchten.

DER KNIENDE CHRIST
Der Verfasser dieses Buches ist unbekannt. Aber jeder, der das Buch liest, wird feststellen, daß er ein Mann des Gebetes war. Da das Gebet ein sehr wichtiger Bestandteil des Christenlebens ist und dieses Buch eine hervorragende Anleitung zum Beten gibt, sollte es von jedem Gläubigen gelesen werden.

DIE GEKÜRZTE LEBENSGESCHICHTE C. C. FINNEYS
Dies ist die handlungsreiche, packende Lebensgeschichte eines New Yorker Rechtsanwalts, der später einer der führenden Evangelisten Amerikas wurde – der Bericht über das Leben eines Gottesmannes, der wohl kaum weniger als 500 000 Menschen zu Christus führte.
Die von ihm persönlich in diesem Heft geschilderten Begebenheiten zeugen von einer von Gott gebrauchten Persönlichkeit.

Arthur Wallis: FASTEN, WAS SAGT DIE BIBEL DAZU?
Nachdem der Autor viele Jahre hindurch den großen Wert und Segen des biblischen Fastens erfahren hat, entstand in ihm der Wunsch, dieses Buch zu schreiben, um andere teilhaben zu lassen an dem, was die Bibel über dieses wichtige und vernachlässigte Gebot zu sagen hat. Sein Ziel war es, ein Handbuch zu schaffen, das nicht nur die wesentlichen Bezugsstellen in der Heiligen Schrift behandelt, sondern darüber hinaus auch die damit verbundene praktische Seite und ihre Auswirkungen näher untersucht.

R. A. Torrey: DIE FÜLLE DER GÖTTLICHEN KRAFT
Jeder, der von Gott für Seinen Dienst gebraucht werden möchte, muß die Wahrheiten kennen, die dieses Buch wiedergibt. Der Autor hat es persönlich erlebt, was es bedeutet, die Fülle der göttlichen Kraft zu empfangen.

Norman P. Grubb: LEBENSGESCHICHTE REES HOWELLS
Dieses Buch erzählt die Lebensgeschichte von Rees Howells: wie er die Tragweite der vollen Übergabe erfaßt, die Unliebenswerten lieben lernt, den Schlüssel zu obsiegendem Gebet findet, wie er die Grundsätze göttlicher Heilung gelehrt wird und ein Kanal der Erweckung in Afrika wird. Die Geschichte ist leicht verständlich und mit Humor erzählt, so daß jeder Leser von seinem Glauben, daß die Welt durch Gebet verändert werden kann, gefesselt wird.

A. B. Simpson: CHRISTUS IN MIR – MEINE HOFFNUNG
Jesus Christus wird als der allein seligmachende Retter der Menschheit dargestellt. Auch wird der biblische Weg gezeigt, wie man siegt und ein brauchbarer Zeuge wird.

Ernst Modersohn: WERDET VOLL GEISTES
Wie geschieht das? Eine Mahnung an alle Christen, die an ihrer Kraftlosigkeit leiden, sich der Kraftquelle Gottes auszusetzen.

Samuel Gerber: MÜDIGKEIT ÜBERWINDEN
»Ich bin so müde!« Wie oft hört man diese Klage. Oft handelt es sich um eine Müdigkeit, die von Unehrlichkeit, Flucht vor der Wirklichkeit, Ungehorsam, Unglaube, Unordnung und Angst um Mitmenschen herrührt.

A. S. Booth-Clibborn: FREI UM ZU SIEGEN
Geschrieben vom Schwiegersohn des Gründers der Heilsarmee.

J. Lohmann: NICHT ICH!
Man wird heute zur Selbstliebe aufgerufen, aber der biblische Ruf heißt: NICHT ICH! Das ist der Weg zu Freiheit und Freude. Das Buch gibt Hilfen für ein biblisch orientiertes Leben.

J. Lohmann: ZUR GÖTTLICHEN GRÖSSE
Dieses Buch ist die Fortsetzung des Buches »NICHT ICH« und zeigt den Weg zu dem göttlichen Ziel.

Samuel Gerber: GEMEINDEZUCHT
Was soll man in einer christlichen Gemeinde tun, wenn Gemeindeglieder in offener Sünde leben? Eine Hilfe und Anweisung zur Bewältigung seelsorglicher Probleme innerhalb der Gemeinde.

R. A. Torrey: ICH GLAUBE ... WIE GEHT ES WEITER?
Dieses Buch eignet sich besonders gut zum Verteilen an Neubekehrte. Es gibt wertvolle Anregungen für die Zeit, die der Bekehrung folgt. Ziel ist das geistliche Wachstum des Christen.

Aus »HEROLD SEINES KOMMENS«: DAS BESTE von 1977, 1978, 1980, 1981. Die wichtigsten Artikel aus den jeweiligen Jahrgängen der Monatszeitschrift »HEROLD SEINES KOMMENS«.